名师名校名校长

凝聚名师共识
固态名师关怀
打造名师品牌
培育名师群体

顾明远题

劳动点亮童年

——基于生活化的幼儿园劳动教育的实践研究

纪俊琴 / 主编

西南大学出版社
SWUP
国家一级出版社 全国百佳图书出版单位

图书在版编目（CIP）数据

劳动点亮童年：基于生活化的幼儿园劳动教育的实践研究 / 纪俊琴主编. -- 重庆：西南大学出版社，2023.12
ISBN 978-7-5697-2198-0

Ⅰ. ①劳… Ⅱ. ①纪… Ⅲ. ①学前教育－劳动教育－教学研究 Ⅳ. ①G613.3

中国国家版本馆CIP数据核字（2024）第025494号

劳动点亮童年——基于生活化的幼儿园劳动教育的实践研究
LAODONG DIANLIANG TONGNIAN —— JIYU SHENGHUOHUA DE YOU'ERYUAN LAODONG JIAOYU DE SHIJIAN YANJIU
纪俊琴　主编

责任编辑： 尤国琴
责任校对： 周万华
装帧设计： 言之凿
出版发行： 西南大学出版社（原西南师范大学出版社）
印　　刷： 北京政采印刷服务有限公司
成品尺寸： 170 mm×240 mm
印　　张： 13.5
字　　数： 213千字
版　　次： 2023年12月　第1版
印　　次： 2023年12月　第1次印刷
书　　号： ISBN 978-7-5697-2198-0

定　　价： 68.00元

编委会

前言

由纪俊琴主编，袁玲、张敏芳、黎娟、尹思梦、夏冰茹、张丹娜、李柯、曾丹丹、欧阳玲参编的《劳动点亮童年——基于生活化的幼儿园劳动教育的实践研究》由西南大学出版社出版。在当前全面提倡劳动教育的大背景下，研究者围绕幼儿的一日生活，开展劳动教育实践研究，其成果可以为当今幼儿园开展劳动教育提供有益的借鉴和启示。

《劳动点亮童年——基于生活化的幼儿园劳动教育的实践研究》一书有以下五个重要特点。

第一，针对性。目前幼儿园劳动教育的开展依然存在迫切需要解决与改进的问题：一是劳动教育缺乏，且未体现其生活化、游戏化；二是教师在开展劳动教育时专业程度不够；三是家、园教育不一致，家长重视与支持程度不同。本书的内容主要分为课程案例、亲子劳动实践、学习故事、教育论文四个部分，为幼儿园开展劳动教育提供有针对性的参考和指导。

第二，实操性。本书根据幼儿不同的年龄特点与学习特点开展班本化课程研究，形成“黄豆开花”“‘果’然有趣”“我上幼儿园”“遇见花生”“鸡蛋的美味之旅”等课程案例，实现了由碎片化地开展幼儿园劳动教育向系统、科学地开展幼儿园班本化劳动教育的深度转化。

第三，科学性。本书以幼儿一日的生活为基础，针对不同年龄段的幼儿开展与其相适应的劳动教育活动，形成教育性经验，转变了教师的观念，提高了教师的专业水平。本书将教师的视角从聚焦幼儿学习薄弱环节转变为关注幼儿的兴趣点和优势，将幼儿发展评价视为支持幼儿学习的强大推动力，集合了“青瓜驾到”“捉虫奇遇记”“摘橘子”“番茄的拐杖”“我是值日生”“清炒土豆丝”等生动有趣的故事，整合了“浅谈劳动教育在幼儿园游戏活动中的有效渗透”“基于项目化学习的幼儿园劳动活动实践研究”“浅谈过程性评价在幼儿园劳动教育中的运用”等9篇教育论文，为幼儿园开展劳动教育提供了科学性依据。

第四，互动性。本书根据不同年龄段幼儿的身心发展规律，建立以幼儿园劳动教育为主导，以家庭劳动教育为基础，以社区劳动教育为依托的劳动教育新机制，形成小、中、大班的幼儿园亲子劳动实例，如“我会拖地”“穿鞋子”“剥鸡蛋”“我爱洗碗”“摘青菜”“叠被子”“切水果”等，指导家长帮助幼儿在家养成良好的劳动习惯，形成家、校、社三位一体的劳动教育互动模式。

第五，创新性。本书构建了以幼儿为主体的综合性评价体系，将劳动教育各项指标纳入幼儿综合素质评价体系，分别形成了小班、中班、大班的幼儿家务劳动评价表、幼儿园一日生活劳动技能评价表、幼儿劳动教育评价表、幼儿园种植活动评价表等。这样，不仅可以提高幼儿对劳动的兴趣，也可以帮助教师更好地了解幼儿的需求和问题，调整教学策略，提高劳动教育的效果，还可以让家长了解幼儿在劳动方面的进步和成长，增强家长对幼儿园劳动教育的信任。

东莞市名园长工作室主持人纪俊琴携手工作室7名学员、2名助理共同研究幼儿园劳动教育活动，构建了“工作室研究—学员园本化研究—学员幼儿园教师班本化研究”的分层研究模式，以新时代课程改革的视角拓展幼儿园劳动教育的宽度、广度。

《劳动点亮童年——基于生活化的幼儿园劳动教育的实践研究》为一线幼

儿教师提供了实施劳动教育的理论指导和可参考的实施方法，也为幼儿园系统地实施劳动教育提供了参考依据。

纪俊琴

东莞市名园长工作室主持人

2023年10月1日

目录

第三篇
思劳动之美：学习故事

第四篇
慧劳动之意：教育论文

绪论

小课题　大学问

东莞市南城第二幼儿园　纪俊琴

著名学者王国维在《人间词话七则》中说："古今之成大事业、大学问者，罔不经过三种之境界：'昨夜西风凋碧树。独上高楼，望尽天涯路。'此第一境界也。'衣带渐宽终不悔，为伊消得人憔悴。'此第二境界也。'众里寻他千百度，蓦然回首，那人却在，灯火阑珊处。'此第三境界也。"我认为在课题研究之路上，除了这三种境界还有第四种境界——"问渠哪得清如许，为有源头活水来"，以及第五种境界——"山重水复疑无路，柳暗花明又一村"。

教研质量带动教师成长，教师成长带动办园质量。我主持的2019年东莞市教育科研"十三五"规划课题"案例式园本教研引领教师专业成长的实践研究"结题并荣获2022年度广东省中小学教育创新成果三等奖。我深深地感受到，课题的结题并不是结束，怎样运用一项课题研究积累下来的经验开启新的研究之路同样关键。2022年我被东莞市教育局评为东莞市新一轮名园长工作室主持人（2022—2024年），工作室由主持人1名、理论导师1名、实践导师1名、学员7名、助理2名组成。工作室全体成员围绕一个理念，即"求真、创新、共融、赋能”，立足两个目标，即“赋能更好的自己”和“做有影响力的新时代的好园长”，建设学习型、创新型、研究型、专业型的工作室团队。星星之火，可以燎原。工作室以“玉兰花开，莞邑良师，蕙质兰心做阳光教育”为宗旨，在东莞这片土地上，以幼教人的身份，深耕东莞教育“莞邑良师”行动计划，以师爱为底色，以教育科研为先导，立足劳动课程研究，以孵化名园长为主阵地，以“为党育人、为国育才”为使命，全力推动教育工作高质量发展。

工作室坚持师德站位、专业站位、学术站位、未来站位这四个站位策略，承载着上级领导的关怀，在机制上实施专家引领、同题共研、合作交流、成果推广等模式，构建“自我服务、团体服务、镇街服务、全市服务”的服务支撑体系。基于工作室学员分别来自公办、集体办、普惠性民办、民办集团化等不同办学性质园所的情况，对于办学主体不一样的学员单位，“怎样立足实际，建立以工作室团队合作探究为途径的课题研究”无疑成为急需突破的难点。于是，经过发放调查问卷、访谈等调研，我们发现当前幼儿园园本劳动课程的实践呈现出如下问题：一是未形成明确的幼儿园劳动课程目标体系，教师未转变相应的教育观念，幼儿园对劳动教育的重视程度不够；二是未形成生活化的幼儿劳动教育内容框架，劳动教育课程体系零散、单一；三是未建成完整的幼儿园劳动课程的实施路径与策略。著名教育家苏霍姆林斯基曾说：离开劳动，不可能有真正的教育。2020年3月，《中共中央 国务院关于全面加强新时代大中小学劳动教育的意见》（以下简称《意见》）指出：劳动教育是中国特色社会主义教育制度的重要内容，强调坚持立德树人，坚持培育和践行社会主义核心价值观，把劳动教育纳入人才培养全过程。《意见》对劳动教育进行总部署。在《3—6岁儿童学习与发展指南》（以下简称《指南》）的健康、社会领域中，也对劳动教育提出了相应的发展目标和教育建议。《幼儿园教育指导纲要（试行）》（以下简称《纲要》）也强调：既要高度重视和满足幼儿受保护、受照顾的需要，又要尊重和满足他们不断增长的独立要求，避免过度保护和包办代替，鼓励并指导幼儿自理、自立的尝试。幼儿阶段是幼儿养成好习惯以及形成社会认知的主要时期，劳动课程是促进幼儿综合发展的主要目标之一，因此，形成可借鉴、可推广的生活化幼儿园劳动课程体系迫在眉睫。如何在幼儿园一日生活中渗透劳动教育以实现劳动课程生活化，以及如何让劳动教育加速幼儿园的课程园本化的进程，成为当下亟待解决的问题。基于以上问题，2022年6月，我申报了东莞市2022年度专项课题“基于生活化的幼儿园劳动教育的实践研究”。该课题的研究目标：一是以幼儿园一日生活为主线，研究各年龄段幼儿应了解和掌握的劳动知识和简单技能，将劳动与游戏相互渗透，与主题活动相结合，形成不同年龄段的生活化的园本劳动课程体系；二是联合工作室学员所在幼儿园，以此为契机，形成“资源整合、联盟发展、课程创新”的园本化劳动教育实施方案，研究在幼儿园一日活动中渗透劳动教育的目标、内容和策略；三是构建家校社三位一体的劳动教育内容，指导家长帮助幼儿在家养成良好的劳动习惯。2022年7月，我就职于东莞市南城第二幼儿园。初来乍到，怎样引领这所幼儿园的教科研落地？如何立足本园发展，搭建工作室学员共同发展的平台，实现共享共建，并保质保量地开展课题研究？带着一系列的问题与思考，我开启了探索“基于生活化的幼儿园劳动教育的实践研究”之旅。

在研究的过程中，我深深地体会到：在教科研道路上，只有火热的教育现场、鲜活的教育行为，以及专注的实践研究，才是课题研究最适宜的气候，也才能开出教科研的鲜花，结出硕果。

一、以求真为起点，让课题研究具有“研味”

具有“研味”的课题组应是一个以求真为起点的团队，该团队应以“人无我有、人有我优、人优我新、人新我特”的思路，实现特色与创新的统一。课题研究要“站到巨人肩上继续发生新的故事”，来自不同幼儿园的学员，怎样开展共同的课题？“同题共研”该怎么研？这些都是需要教研人员深思熟虑的。具有“研味”的工作室是一个研究团队，工作室主持人是学员的“引路人”，而学员又是教师专业发展的“领头羊”，工作室全体成员需要发挥好示范、引领、辐射和指导作用，共同构建一个自主学习、共同研讨、相互促进、共同发展，以解决问题为导向的研究型团队。教育部颁布的《幼儿园教师专业标准（试行）》专业能力方面的第60条、61条分别指出：主动收集分析相关信息，不断进行反思，改进保教工作；针对保教工作中的现实需要与问题，进行探索和研究。这是国家对幼儿园教师的基本要求之一。课程改革给幼儿园带来的挑战莫过于对教师专业化水平的挑战。作为东莞市名园长工作室主持人，我一直在思考：怎样引领学员在专业上快速成长？怎样让学员抱团成长，形成一支具有"研味"的工作室团队？于是我运用前期做课题的经验，破解开启研究之惑。首先，巧用研究方法，通过运用观察法、行动研究法、经验总结法、案例研究法，丰富学员研究的方法，激活课题研究这"一池水"。其次，巧用教研模式，通过开展"子课题主持人负责制""案例式教研""问题导向式教研"等开放、多元的教研模式，提高学员课题研究的"活力"。再次，确定研究目标与内容，分工明确，责任到人，激活学员研究的"动力"。最后，为了构建教师发展共同体，工作室在各学员单位招募网络学员，对教师进行分层培养，将劳动教育的课题研究与教师的专业发展结合起来。

为进一步提高学员的教育科研水平，在课题研究的前期阶段工作室举行了大教研活动。我从"研究背景、研究综述、研究设计、研究的理论基础与依据、研究成果、研究收获"等六个方面对劳动教育的课题研究情况做了详细的介绍；从课题的价值和关键词的概念界定抛出问题，引领学员厘清问题。问题一：学员知道劳动教育的意义，但是不知道如何开展劳动教育。问题二：如何制定适宜的劳动教育内容。问题三：劳动教育没有形成完整的体系。以问题为导向的教研活动使学员们打开话匣子，辩论起来。袁玲说："劳动教育要源于《指南》的精神指引，从幼儿的年龄特点与兴趣入手。"黎娟说："劳动教育的开展要因地制宜，我园没有场地开展种植活动，开展相关劳动教育是存在实际困难的。"张敏芳说："只有通过评价才能检验课程质量，因此，劳动教育要做好动态评价。"……课题来源于问题和生活，"研究内容"是对课题"中心问题”的具体分解。因此，怎么才能带领学员进行“质的研究”，从而体现“同题共研”的有效性和时效性，以解决学员及其园所教师在劳动教育实施过程中遇到的实际问题，成为我们在研究过程中急需突破的难点。本次教研活动帮助学员明确了“研究内容”可以从“是什么”“什么样”和“怎么办”三大方面去考虑。例如，幼儿园劳动教育课题，可以罗列的研究内容有：什么是幼儿园劳动教育？开展劳动教育需要什么样的支持？怎样通过交流、合作、协作、联盟等方式来解决研究过程中的真问题？等等。研究的过程就是寻找这些问题的答案的过程。

论证设计要逻辑清晰，主题突出，层次分明，内容翔实，格式规范，表述清楚，因此，我采用了“三步走”的策略：

第一步，情况分析。研究幼儿园亟待解决哪些问题，学员们具有哪些研究基础，从而立足实际去选子课题。工作室立足于学员园所的实际情况，开展了深入调研。结合调研结果，从一日生活、主题活动、区域活动、专题特色活动、家庭联动五个方面探索劳动教育的多元实施路径，为幼儿园劳动教育提供系统化的思路和实践案例依据。

第二步，确定方向。对于课题组来说，确定方向意味着要借助工作室这个平台，立足教科研，共享优质资源，以促进教师在专业上快速成长，形成劳动教育“一园一特色”的研究思路，实现“同题共研”的目标。

第三步，融合出新。将课题需求、研究目标、研究背景、园情基础、环境条件等因素结合起来，形成具有一定研究可行性和创新性的劳动教育内容。生活即教育，围绕种植、职业体验、生活制造、社会服务、家庭劳作等劳动教育内容，袁玲、李柯以园所文化为土壤，将劳动教育自然融入幼儿的一日生活中，开展了班本化的主题活动；黎娟、曾丹丹开展了劳动集市游戏，其中包含职业体验劳动教育，探索课程游戏化背景下的劳动教育；尹思梦开展了种植劳动教育，探索不同年龄段幼儿的种植体验；夏冰茹开展了区域活动、户外活动中的劳动教育，培养幼儿的劳动意识与能力；张丹娜开展了大班、幼小衔接劳动教育，关注大班升小学的自我服务意识与能力的培养；张敏芳专注家庭中的劳动教育，旨在形成家园社区劳动教育评价体系，巩固劳动教育的成果；欧阳玲聚焦烹饪劳动教育，开设“小厨房”活动，通过做美食、品美食、爱美食，培养幼儿动手能力与珍惜粮食的习惯，从而让幼儿真正爱上劳动。

工作室团队通过“沉下去、走出去、请进来”等方式，找到了课题实践研究的灵感。“问渠哪得清如许，为有源头活水来”，依托工作室这源头活水，学员们行走在求真的路上，课题的实施思路才会有“小荷才露尖尖角，早有蜻蜓立上头”的立意出新。

二、以创新为策略，让课题研究具有“莞味”

具有“莞味”的课题组应是一个立足本土化的创新团队。研究是一种幸福，如果将幼儿园教师比喻成大雁，那么幼儿园的园长或副园长就是整个教师团队中的“领头雁”。怎样带领教师们“走上这条从事一些研究的幸福的道路”，并让教师们在课题研究中实现专业化成长呢？东莞市纪俊琴名园长工作室三年发展规划提出：以创新为策略，让工作室具有“莞味”。在创新的路上，我采用了课题准备阶段“三步走”的策略。

第一步，成立三级课题组。凡事预则立，不预则废。成立“工作室联合”“学员园际间”“学员与网络学员”三级课题组。在工作室层面、园级层面通过多种渠道建立完善机制，制订学员个性化成长计划，关注学员所在单位教师的成长计划以及教师的发展需求，构建教师分层培养机制，逐步形成可持续发展的教师发展梯队。根据工作室学员与网络学员的专业水平与教龄，构建了三级教师发展梯队，即新教师、青年教师、骨干教师，为教师专业发展搭建平台。为加强课题的有效研究与过程管理，工作室建立健全了检查督促机制、保障机制、考评奖惩机制、科研档案机制；对课题研究工作进行周期性的布置、落实、检查，使课题研究活动日趋常态化；营造出良好的教科研氛围和教师互帮互学的合作气氛。工作室切实把课题组的工作纳入幼儿园重要议事日程，立足本土化的劳动教育内涵和人才培养目标，让课题研究引领教师专业发展，以提升幼儿园保教质量。

第二步，阅读书籍与参考文献。求知路上，理论先行。课程改革给幼儿园带来的挑战莫过于对教师专业化水平的挑战。工作室团队为此积极用知识的力量武装自己。在国内，2014年就有幼儿教师开始研究幼儿劳动养成教育，并在杂志上发表论文探讨幼儿的劳动养成教育，并将其视为育儿过程中至关重要的一环。还有研究发现，大力培养幼儿的自理能力、动手能力、自我服务意识是提升幼儿劳动实践能力的重要基础，而为幼儿准备丰富的材料、提供适宜的内容，如组织儿童参与集体劳动教育活动、主题活动和随机开展的区角游戏、生活活动等，可以有效促进幼儿劳动实践能力的提高，并能够促进教师的专业水平提升。通过阅读相关文献，我们丰富了理论知识，开拓了研究思路，深化了对问题的认识，并进行了深层次的思考。学员们在对大量专业书籍的阅读与参考文献的学习中，了解了现阶段国内外的相关研究成果和瓶颈，从而站在了相关研究领域的最前沿，并从中得到启发，使所研究的课题站在了更高的起点上，进而提高了研究的效率。

第三步，课题研究常态化。首先，倡导让教研成为文化，制订了工作室三年发展规划、工作室人才培养计划、学员园本教研计划，并开展案例式园本教研活动，通过问题导向式教研、案例式教研等教研模式，解决学员实施劳动教育过程中的问题。研究的目的是通过研究手段去解决实践中所遇到的“真问题”。我引导学员要从教育教学中发现问题，抓住问题，展开问题，讨论问题，一切从问题开始，把研究、讨论、解决问题的过程记录整理成文本。其次，结合各位学员幼儿园的实际进行问题的论证与实施，以此作为园本课题进行实践研究，并围绕发现问题、头脑风暴、陈述观点、集体交流、专家点评、教师质疑、达成共识七个流程展开。在培训中，将劳动教育实施过程中产生的困惑、难点作为教研讨论的内容，将主动权交给教师，让教师发表对问题的看法。在这个过程中，大家畅所欲言，集思广益，更新教育理念，提升科研水平。

幼儿园的教学工作围绕课题目标来开展和摸索，就“基于生活化的幼儿园劳动教育的实践研究”这一课题定期组织线上、线下研讨，从对最初的理论知识的收集和学习中，我们在理论上有了清晰的认识。在教学准备中，教师们在讨论中相互学习，共同成长。

子曰："学而时习之，不亦说乎。"我们在做课题的过程中，一起品尝着教科研的苦与乐，一起收获着知识的硕果。

三、以共融为策略，让课题研究具有"情味"

在主持人与学员的共同努力下，工作室形成一个学习、探究、成长发展的共同体。美国哲学家约翰·杜威说过：教育的目的应是教我们怎样思考，而不是思考什么；应是改善我们的心智，好让我们能为自己思考，而不是将他人的想法装在我们的记忆里。课题实施是把我们预设的课题研究目标变成现实成果的实践过程，这一过程也是课题研究的主体部分。课题实施过程中，预设的研究内容如何部署？人员如何分工？课题资源库如何建立？科研过程的物化成果与精神成果如何体现？教师们会遇到什么困惑以及如何解决？等等，这一系列问题需要我们去逐项求解。以共融为策略，我采用了课题实施阶段"四步走"的策略：

第一步，开题论证，千里之行始于足下。

课题论证会的意义：一是让课题组成员充分了解课题究竟要解决什么问题，要达到什么目标，要怎么去研究。二是优化课题组成员组合，发挥成员的主体作用，使每个成员知道自己要做什么事，应怎么去做，什么时候做出什么成果，如何展现课题的创新之处，等等。三是邀请专家"把脉""诊断"，为下一阶段的研究明确方向，以扎实推进课题研究，促进成员自身的专业成长。

怎样进行开题论证？请哪些专家来指导？为进一步做好课题管理，促进研究团队教育科研水平的整体提升，2022年11月15日，工作室举行了东莞市教育科研2022年度专项"基于生活化的幼儿园劳动教育的实践研究"开题论证会。参加本次开题论证会的指导专家有东莞市教育局教研室学前教育教研员邹丽琼老师、东莞市商业学校教研室负责人崔梅老师、东莞市教育科研指导小组成员与常平教育管理中心科研辅导员邝志伟老师。课题组专家充分肯定了课题研究的实际意义和研究价值，对课题实施进行了评议、指导，从课题名称、研究目标、研究内容、成果形式等方面进行了点评，并对研究中可能存在的困难和问题进行了专业指导。本次开题论证会的举行，使课题组成员倍感信心与力量。

第二步，共融共研，梳理课题研究思路。

在研究和实践的过程中，成员分工协作是否顺畅，既考验团队的智慧与成员的能力，又关系到课题研究成果的生成，还影响着课题研究成果。于是，课题组以多种形式为载体，分享智慧。首先，交流探讨。围绕“劳动教育教学中产生的困惑”组织教师开展不同层次、不同深度的教研活动或辩论赛，激发教师的思维，碰撞出智慧的火花，让教师不断从同伴处获取可借鉴的经验。其次，各取所长。根据每个教师的兴趣爱好和特长，让其各施才华，做到“人人参与，没有看客”，发挥每位教师的作用，让每位教师都知道做什么、怎么做。例如，在课题资料库建设中，由有档案管理经验的成员负责课题资料的存档；在课题成果展示中，由信息技术能力强的教师制作劳动教育的课例视频等。再次，共享共建。立足工作室学员与学员幼儿园的师资队伍的现状，建立同伴互助学习小组，遇到问题及时探讨解决。最后，导师带教制。园内骨干教师与新教师一对一结对，帮助和指导新教师，使学员与网络学员尽快融入课题研究。

在研究路上，如何帮助教师找到教育的价值？首先，我园课题组成员通过实践—反思—调整策略以及再实践—再反思梳理—再调整方法与策略—内化提升的实践流程，循环往复，教科研水平获得很大的提升。其次，我们通过做课题来发现问题、解决问题，如解决教师在教育实践、幼儿一日活动、家长工作等方面的问题和困惑，使得探索与收获同在。最后，明确课题的研究思路。

本课题是一项行动研究，其主要研究思路如下：

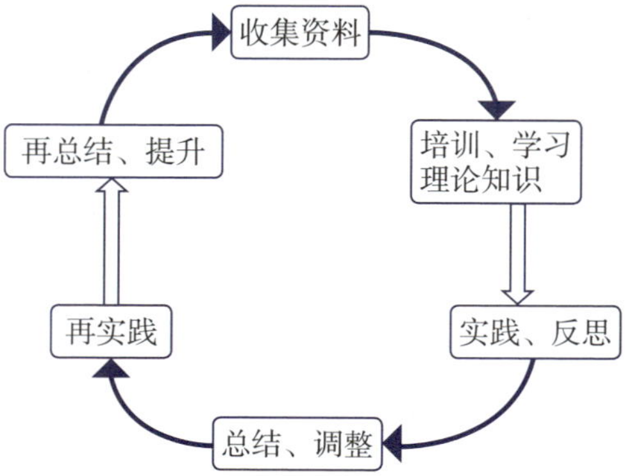

本课题主要的研究过程为：

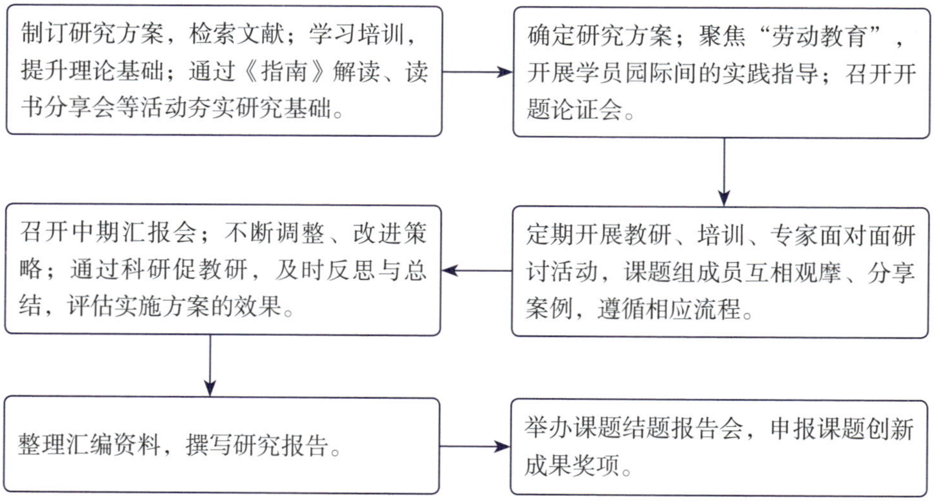

第三步，借力平台，破解研究过程的难点。

工作室在开展课题研究时，不仅需要组织教师进行教学实践，还需要为教师提供各种学习平台，并指导教师参与子课题开题、中期汇报、专家讲座与培训；依托工作室团队的优势和力量，搭建课题组成员成长平台，使课题组成员在学习中获得理论的涵养，在实践中破解研究过程的困惑。

《指南》颁布后，在课程游戏化背景下，教师的教育理念和教学行为都发生了较大的改变，随之而来的是课程改革的逐渐深入。这意味着教师必须树立终身学习的意识。2022年，工作室开展《爱上劳动　点亮未来》这一书籍的线上读书打卡活动，学员们翱翔于精彩的知识天空，品味着“共融”的幸福。在好书共读分享会上，我以“一群人、一起读、一本书”这三个关键词，倡导学员以书为伴，拓展专业的深度。我的微讲座以“如何用思维导图做笔记”为主题，带领我们的团队在学习中用思维导图的方法做笔记，分享自己的学习心得，让大家对幼儿园如何开展劳动教育有了系统、深入的思考。

第四步，引领辐射，成为专业发展的支点。

课题研究怎么做？成员如何带动起来？这对工作室带头人来说无疑是一种考验。“昨夜西风凋碧树。独上高楼，望尽天涯路”。不管外界环境有多么艰难，在追寻梦想的路上我们都有机会成为更好的自己。课题研究的过程就是一个促进自己不断成长的过程。构建学习型团队，立足园本教研，开展园本化、班本化的劳动教育的研究，提升教师专业发展，提升园所办学质量，助力学前教育高质量发展，是“同题共研”的有效路径。2023年，应邀请，我与工作室学员分别送教于东莞市企石镇、厚街镇、常平镇、大朗镇、石碣镇、南城街道六个镇街，六期的送教活动，从多个维度出发，丰富了学员的知识，提高了学员的学习热情。努力发光的人会互相吸引，正能量也会互相传递，爱学习的幼教人是传递快乐和幸福的使者。要用行动很好地诠释“真问题”，就要有求真的态度，求知的渴望，思考的习惯，辨析的能力，力行的意志，以及挑战的精神。

四、以赋能为特色，让课题研究具有品位

具有品位的工作室是一个幸福的教科研团队。依托名园长工作室这一平台，工作室成员们凝聚团队智慧，在东莞教育的大背景下，以课程游戏化为指导，立足本土实际，传播本土文化。在课题研究的路上，有鲜花，也有荆棘。我们既经历了“山重水复疑无路”的困惑和迷茫，也感受到了“柳暗花明又一村”的喜悦。我们不仅收获了技能，还收获了研究过程中的快乐和充实，更收获了团队成员间的友谊。通过课题研究，各学员所在幼儿园的教科研不断实现

创新与突破，并以赋能为载体，在实践中研究，在研究中赋能，让课题研究具有品位。如何让教师在课题研究中幸福成长？在专家的引领与带动下，工作室全体成员一路前行，播撒爱与教育的种子。2023年黎娟申报了东城城市花园翰林童爱幼儿园2023年度市级课题“课程游戏化背景下幼儿园劳动教育的实践研究”，该课题也是市级课题“基于生活化的幼儿园劳动教育的实践研究”的子课题。幼儿园课题研究使我们在今后探寻园本化课程的道路上更专业，更有钻研、创新、突破精神，并推动园本化课程改革不断深入发展，以赋能为特色，让课题研究具有品位。同时，课题研究带给我们很多收获与惊喜。

（一）教师的专业成长方面

1. 丰富教师实践经验与提升教师水平

工作室学员对于“基于生活化的幼儿园劳动教育的实践研究”的感悟：一是实现了从“要我学习”到“我要学习”的转变；二是通过故事分享获得了幼儿、家长、领导以及同事的认同。工作室成员收获了成就感和自我认同感。以下是部分学员的感悟摘录：

张敏芳说：“我们在主持人纪俊琴的带领下，学习着、收获着。回想学习的过程，从心底里感谢工作室导师与主持人为我们分享的优质讲座和观摩活动，感谢东莞市纪俊琴名园长工作室这个平台，让我们认识了这么多热情、智慧的幼教同行。”

李柯说：“研究的脚步永不停止，在课题研究路上，工作室伙伴之间彼此共享智慧、携手同行的真诚让我倍感温暖、愉悦。”

黎娟说：“课题对于我们来说，是一个新鲜而又充满挑战的任务。在主持人纪俊琴的带领和指导下，我参与了由工作室组织的一系列观摩、培训与讲座活动，深刻体会到，做课题是真研究、真教育、真幸福！”

2. 提升教师的教科研能力

（1）主持人轮值制，开展课题诊断

合作式学习的开展离不开团队精神和团队凝聚力。在合作式学习中能够形成一支“乐研、好研、善研”的师资队伍。我园发掘骨干教师的领导力，推行课题主持人轮值制。骨干教师根据自己的专长筹建项目组，以承担新教师以及青年教师的培训任务，如班本化教研组、园本化教研组等。每个组的小组长带领本组成员，按照课题实施教学，撰写案例，并以分组讨论、问题导向、辩论等方式定期进行教研诊断，帮助教师寻找有效的策略。课题组成员对典型案例的撰写者进行跟踪研究，定期将大家撰写的“劳动教育案例”进行实践，指出其中存在的问题，并鼓励大家继续撰写。我们发现不仅课题组教师在发生转变，其他参与研究的教师也在进步。例如，教师们发现课题主持人轮值制是幼儿园不可多得的教育资源，该资源可以改变幼儿园游戏及课程的内容、方法和途径，并可以有效丰富当前幼儿园劳动教育的教学内容，实现园本特色与本土特色的整合，为幼儿的可持续发展奠定基础。因此，在园本特色主题月中我园研发出了“夏季环保月”“秋季丰收月”，形成园所的办园特色。我也欣喜地看到，随着理论的学习、实践的跟进、有效的教研以及成果的显现，教师主动成长的欲望也在增强。

（2）增强了教师的课题研究意识

课题研究是教师可持续发展的生命线，是青年教师向学者型教师成长的必经之路。我们运用课题沙龙、案例研讨、专家面对面、经验总结等形式，开展课题研究工作，更新教师观念；团队通过每周一次实践指导，每月一次小组交流实践，每学期一次结对汇报活动，成为一支思想上进、责任心强、积极性高的新潮队伍，逐渐成为当地幼儿教育教科研的“领头羊”，并逐步向优秀教师梯队迈进。在课题研究的过程中，工作室全体人员从园本课程到班本课程，围绕“为什么”“是什么”“怎样做”三个课题研究的基本问题，展示劳动教育的一些做法，从而拓展思维，破解当地课题研究之难。在研究的路上，我深深感受到教师的变化，园所文化的变化，以及研究者自身理念的变化，更感受到课题研究是一种将教育理论和教育实践紧密结合的有效方式。

（二）幼儿成长方面

让幼儿“快乐发展”是每位幼教工作者的追求。在观察的过程中，课题组成员逐步将游戏的权利还给孩子，为孩子创设了劳动教育的环境，并且室内外都构建了游戏化的课程空间，如烹饪坊、种植园、职业体验坊、劳动集市摊位等，并精心投放生活化的游戏材料，从而打破时间、空间、材料和规则的限制，真正满足幼儿自发学习的需要。

良好的师幼互动与课程体系，促进了办学质量的不断提高。在课题研究过程中，研究中的每个案例都立足幼儿，有助于课题研究的实践探索、理论提升和成果积累。教师讲的一个个研究案例，在工作室课题研讨会上、在各学员园本教研会上分享探讨，从目标到实施步骤都提出了具体明确的要求，使其以幼儿发展为本，让每个活动细节都能起到教育的作用，让幼儿在生活中获得发展。教育家陶行知先生提出“生活即教育”，生活自始至终伴随一个人的成长。课题组成员与生活老师由此探索出一些子课题，如优化幼儿一日生活研究、课程游戏化背景下幼儿园劳动教育研究、基于项目化学习的幼儿园劳动教育研究，形成“爱干净的小超人”“快乐小当家”“劳动小能手”等班本课程。无论是工作室学员还是各园的班主任或配班教师，抑或是生活教师，都应做到心中有目标、眼中有孩子、生活有游戏、处处有教育，树立教育无处不在、教育无时不有的积极教育观。

（三）合作研究方面

在课题研究期间，为发挥好东莞市名园长工作室的示范、引领与辐射作用，我带领学员在镇街开展送教活动，其中，我主讲的“回归生活的幼儿园班本劳动课程的探索与实践”与工作室学员黎娟分享的案例“回归生活的幼儿园班本劳动课程的探索与实践——以种植劳动课程设计为例”，不仅在企石镇获得现场参训人员的好评，还影响了前往跟岗的丰顺县实验幼儿园园长及骨干教师。

在课题研究的路上，应拓宽学员的研究渠道，丰富其学习资源；应不断探索工作室学员所在幼儿园园际间的协作教研模式，通过实施主持人轮值制，拓宽学员的课题研究思路，提升学员的综合素养。

在课题研究过程中，课题主持人一定要扮演好三个角色——幼儿园发展的引领者、幼儿园发展的设计者、幼儿园发展的实施者。课题组全体成员应用更专业的眼光理解儿童的游戏，用更专业的策略支持游戏中的儿童，用教育的智慧走进课程领导力的内核。我们正在用行动酝酿着幼教的幸福。

参考文献

[1] 中华人民共和国教育部. 幼儿园教育指导纲要 [M]. 北京：北京师范大学出版社，2001.

第一篇

悦劳动之趣：课程案例

陶行知先生说过：劳动教育的目的，在谋手脑相长，以增进自立之能力，获得事物之真知及了解劳动者之甘苦。幼儿教育应让幼儿通过劳动实践感受劳动之趣，学会尊重他人的劳动成果并爱上劳动，在各种主题活动中发现与探索，在实践活动中体验收获，快乐成长！

黄豆开花

单 位 名 称：东莞市东城城市花园翰林童爱幼儿园
活动设计实施：陈雪梅
活动实施时间：2023年3—5月
活动实施班级：中班

一、活动名称

本活动名为“黄豆开花”。

二、活动由来

在一次中午用餐时，幼儿园的午餐是肉末豆腐，幼儿们吃得很香。
幼儿1：今天的菜可真好吃呀，我都吃两碗饭了，可我还想吃一碗。
幼儿2：这个是肉末豆腐，我妈妈在家也会做给我吃，她做得可好吃了！
幼儿3：我知道，我知道，这个豆腐是用黄豆做的，黄豆还可以做豆浆呢！
幼儿4：什么是黄豆？我们可以自己种吗？
于是，一场关于黄豆的探秘之旅开始了！

三、活动目标

（1）感知和发现春季气温变化以及植物的生长变化，感受春天生机勃勃的景象。

（2）养成观察和记录的习惯，初步学会用简单的方式记录观察的结果。

（3）学会观察黄豆的发芽过程及黄豆的外形特点，并能大胆表达自己的想法。

（4）能多方面地有效利用家长资源进行活动。

四、活动网络图

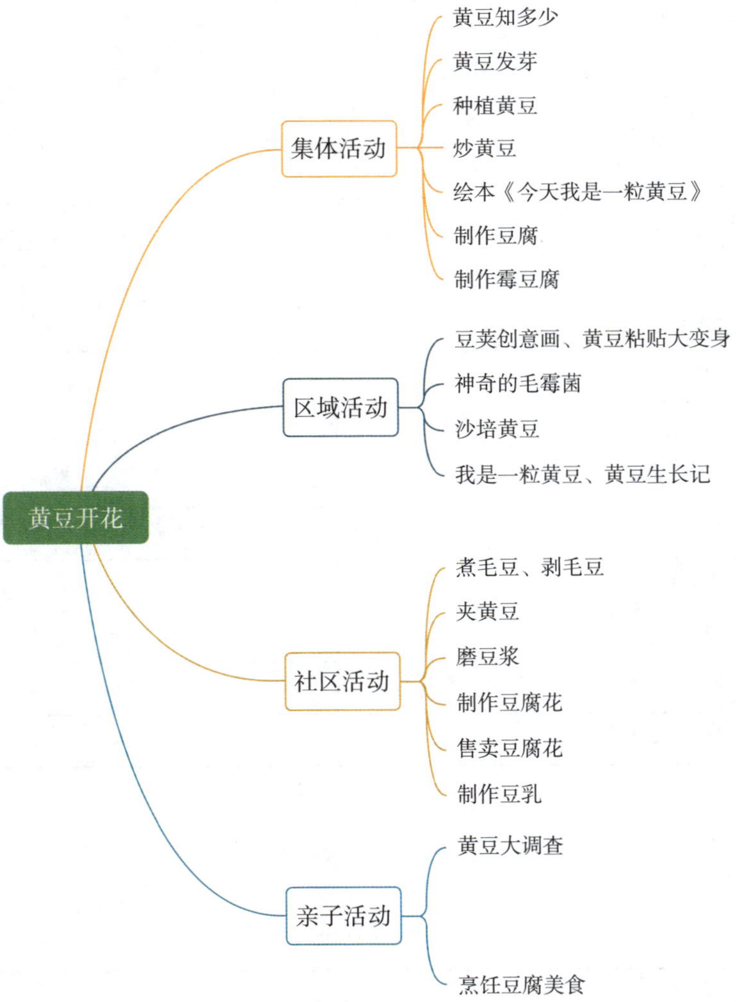

五、活动一览表

活动名称	活动形式			
	集体活动	区域活动	亲子活动	社区活动
黄豆知多少	√			
黄豆发芽	√			
种植黄豆	√			
炒黄豆	√			
绘本《今天我是一粒黄豆》	√			
制作豆腐	√			
制作霉豆腐	√			
豆荚创意画、黄豆粘贴大变身		√		
神奇的毛霉菌		√		
我是一粒黄豆、黄豆生长记		√		
剥毛豆				√
夹黄豆				√
磨豆浆				√
制作豆腐花				√
售卖豆腐花				√
制作豆乳				√
黄豆大调查			√	
烹饪豆腐美食			√	

六、主题活动设计（以活动“黄豆发芽”为例）

黄豆发芽

活动形式：集体活动
重点领域：健康　语言　√社会　科学　艺术

续 表

活动目标	1.通过观察，幼儿能用自己的语言说出黄豆发芽所需的条件以及在不同生长环境中生长的速度有何不同。 2.通过开展各种种植观察活动，培养幼儿的观察能力、表达能力以及做记录的能力。 3.幼儿会用较清晰的语句来说明自己的观察结果，发展幼儿的语言智能和自然观察智能。
活动准备	1.知识准备：前期幼儿已经知道了地球上空气无处不在；因为在月球上是没有空气的，所以植物就不能在月球上生长。 2.实验准备：通过不断观察，幼儿知道黄豆发芽的过程和情况；准备好适合在不同环境（水、沙、土）中生长并已经发芽的黄豆供幼儿观察。
活动过程	一、提出问题 1.教师提出问题：小朋友们，前段时间我们进行了黄豆发芽的实验，谁来告诉我，怎样才能使黄豆发芽？你看到的黄豆是怎样发芽的？先长什么？再长什么？颜色有哪些变化？ 2.幼儿拿出自己的观察记录本，并说说自己在观察中记录的发现。 二、延伸问题 1.教师提问：还有什么方法可使黄豆发芽？上次有小朋友说用沙、用土，你觉得可行吗？请你猜一猜黄豆到底是在水里、土里还是沙里长得更快一些？为什么？ 2.幼儿讨论。 三、观察讨论 1.教师出示在不同环境（水、沙、土）中已经发芽的黄豆，请幼儿仔细观察它们有何不同。 2.引导幼儿发现问题：为什么黄豆在土里会烂掉呢？为什么在沙里的黄豆反而长得最快？ （可能是因为土里的水太多，黄豆不能一直浸泡在水里；也可能是因为没有松土，土太紧实了，黄豆在土里没办法得到更多空气。相比泥土，沙比较松散，沙子可以更好地为黄豆提供空气，所以沙里的黄豆会长得更快。） 四、引出新问题、新实验 1.教师引导幼儿发现新问题：黄豆到底要喝多少水才会发芽？黄豆在有肥料的环境中会长得更快吗？哪些肥料会使黄豆更快发芽？ 2.教师引导幼儿自由组合进行实验准备，并引导幼儿在观察中做好记录。 3.幼儿讨论。

续 表

附（图、儿歌、故事等）	       
活动延伸	1.利用班级自然角种植黄豆，激发幼儿的求知欲，引导幼儿亲自动手去探索发现植物世界的奥秘。 2.幼儿在家和家人一起种植黄豆，并制作记录表。
温馨提示	在种植活动中，幼儿可能会自己思考并发现种植步骤，这有利于丰富幼儿的认知。在活动中，应该注意保护幼儿的安全。

七、区域材料投放表

区域名称	区域布置与活动参考
角色区	将自制的农民伯伯头饰，豆芽苗、水壶、阳光、土壤模型投放到角色区，幼儿可以进行关于黄豆不同生长时期的角色扮演。
建构区	在建构区投放一些关于黄豆种植园、大树、汽车、房子等图片，让幼儿借用这些辅助材料创造出特别的空间造型。
科学区	1.投放黄豆的种子，引导幼儿思考。 2.投放“豆芽生长观察记录表”，引导幼儿观察豆芽在整个生长过程会发生的变化。 3.投放放大镜，让幼儿可以借助放大镜更好地观察豆芽的生长过程。
美工区	1.粘贴类：黄豆种子、蛋糕碟。 2.轻黏土：黄色、棕色、绿色。 3.剪刀、透明胶、画笔。 4.其他材料：豆荚、胶水、彩泥。
语言阅读区	1.投放相关绘本，如《嗨！黄豆》《今天我是一粒黄豆》。 2.与幼儿一起制作豆芽在生长过程中的流程图。

八、活动实录（课程故事）

活动一：黄豆知多少

为了让幼儿可以更深入地了解黄豆，我们开展了一个有关黄豆的小调查活动。调查的内容包括“画一画我知道的黄豆”“黄豆是怎么种的？”“种黄豆用什么工具？”“黄豆可以做什么美食？”等。

幼儿对黄豆的种植有兴趣，这正是激发幼儿探秘黄豆生长过程的契机。教师通过引发兴趣和收集信息帮助幼儿了解前期经验，激发幼儿的劳动意识，同时通过黄豆种植小调查让幼儿初步认识和感知劳动。

活动二：绘本《今天我是一粒黄豆》

幼儿通过观察黄豆的外形特征，对黄豆渐渐熟悉起来。通过阅读绘本故事，幼儿产生了很多疑惑，如黄豆是怎么从豆荚里蹦出来的呢？通过阅读绘本，幼儿了解到生长初期豆荚中的豆子水分会比较多，豆荚上也会长出绒毛，在这个阶段豆荚可以作为蔬菜食用。经过一段时间的生长，豆子慢慢成熟，其水分也会一点点流失，豆荚也会发生变化，变干、变脆，里面的豆子也跟着变成了黄豆。就这样以绘本的方式，寓教于乐地向幼儿渗透了黄豆的生长过程。

活动三：种植黄豆

基于前期对黄豆种植活动的兴趣和猜测，幼儿开始动手种植自己的黄豆。在探索种植黄豆需要哪些劳动工具时，我们邀请家长进园予以指导，通过实物展示和实际操作让幼儿了解种植黄豆的正确操作步骤。豆苗在幼儿的精心养护中慢慢长大了，在这一过程中幼儿对黄豆进行了一些探索并获得了一些发现，而且对用于种植养护的劳动工具有了初步的认识，如知道了多种养护工具的正确使用方法。

在劳动体验过程中，幼儿对于黄豆苗的养护方式有了一定的了解，知道了在照顾黄豆芽期间要定期浇水、除虫、施肥以及剪叶；同时，幼儿对农具产生了兴趣，并且通过对这些劳动工具的使用提升了劳动技能，形成了积极的劳动态度。

活动四：煮毛豆

毛豆是我们生活中常见的食物，大部分幼儿对毛豆并没有那么陌生，通过交流、讨论，我们决定亲自煮毛豆。其中的剥豆荚活动可以锻炼幼儿的专注力以及精细动作。

活动五：制作豆腐花

教师和幼儿讨论以及总结在制作豆腐花活动中遇到的问题：

（1）磨豆浆的时候水放太多了，导致豆腐花比较稀。

（2）石膏放得不均匀，导致豆腐花不太成型。

经过讨论、总结，幼儿决定亲手做一次豆腐花。

有了前期积累的做豆腐花的经验，幼儿们都积极参与活动，轮番上阵，大显身手。在这次体验活动中，幼儿自己动手挑黄豆、洗黄豆、泡黄豆、磨黄豆，在不断观察、探索、体验中了解了制作豆腐花的整个过程，获得了制作过程中的成就感和通过劳动获得食物的乐趣。

活动六：售卖豆腐花

在幼儿提出“吃不完的豆腐花可以卖掉”的主意后，我们利用卖豆腐花活动，让幼儿在实践活动中不断获得新经验、新认识，发展幼儿适应社会的能力。在售卖活动开始前，教师和幼儿商讨对“豆腐花店铺”的布置并对商品进行定价，还可以定职位。幼儿自由选择职位并履行职责，并自行布置摊位的售卖展示牌、设计豆腐花的价签等。

此次卖豆腐花活动对幼儿的成长来说意义非凡，生活即教育，幼儿通过布置摊位、售卖，以及与同伴、老师的交流讨论，亲身体验了不同的身份角色，体会了劳动的不易，丰富了社会交往和社会实践能力，也感受到了劳动带来的收获与快乐。

活动七：制作霉豆腐

通过制作霉豆腐，幼儿了解了霉豆腐的制作过程，加深了对健康饮食的认知，提高了动手能力。我们根据幼儿的表现评估其认知能力和动手能力，从而有针对性地指导幼儿进行差异化学习。

九、学习与发展

在本次活动中，幼儿知道了种子发芽的过程，能够尝试用简单的方式做记录。整个活动过程就是一个不断发现问题又不断解决问题的过程，幼儿在活动中收获了仅凭观看图片和文字无法获得的经验和知识。而这些知识不是教师生硬教授的，而是幼儿在一次次自主探索中自然而然获得的。

十、总结与评价

总结：

通过种植黄豆的劳动体验，幼儿经历了种植方式的探秘以及劳动工具的选择和使用，并能运用适宜的工具来判断黄豆的生长情况以及掌握黄豆的正确养护方法。幼儿通过采摘、分享、制作和售卖等多种形式的活动，充分体验了收获劳动成果的喜悦。制作和售卖的过程，也是幼儿探索和参与社会劳动实践活动的重要契机，幼儿可以借此感受、体验劳动，解决生活中关于劳动服务的相关问题。种种劳动行为有助于幼儿养成不怕脏、不怕累、勇敢、坚强的劳动品质，让其深刻感受在劳动中产生成果的不易，也在劳动中懂得了要更加珍惜自己和他人的劳动成果。

评价：

序号	评价	内容
1	陈雪梅教师的反思	为了从小培养幼儿热爱劳动、尊重他人劳动成果、感恩他人付出的美好品德，以及帮助幼儿掌握一些最基本的生存知识和技能，我园坚持将劳动教育融入幼儿一日生活中，让幼儿做一些力所能及的事，体验劳动的快乐，体会劳动者的不易，从而懂得感恩，学会独立。我们开展了“黄豆发芽”这一有趣的劳动课程主题活动。 在我们的生活中有丰富的资源等着我们去发现，大自然不仅赋予了我们课程所需要的资源，也为幼儿的活动开展贡献了更生动、感性、富有人情味的环境。围绕黄豆展开的一系列活动，让幼儿在动手操作的过程中，加深了对黄豆的直观印象，在劳动实践中体验劳动的愉悦，感悟劳动成果的来之不易，从而产生珍惜劳动成果的情感。
2	黎娟园长评价	大自然是我们的知识宝库，社会是我们的生活宝库，它们都是我们的“活教材”。主题活动让幼儿调动多种感官进行最真切的体验，并和生活中的事物产生联结，使幼儿感受其神奇的生长历程与生命力，懂得爱护与珍惜生命。在这一过程中，幼儿的感知能力、观察能力、探索能力等都在不知不觉中得到提升。在这个过程中，幼儿也通过直接感知、亲身体验以及实际操作等方式，知道了种子可以发芽，掌握了黄豆生长的相关经验和烹饪经验，在教师和家长的支持下不断解决遇到的问题。
3	家长评价	“黄豆开花”这一主题劳动课程，在孩子们心中种下了一颗种子，一颗善于动手、动脑，一颗勇于探索自然和社会，一颗尊重生命、敬畏生命，一颗懂得合作和分享的种子。这颗种子，在他们幼小的心灵里开始生根、发芽，正如一颗颗黄豆在幼儿的精心呵护下，开花、结果一样。 我非常清晰地记得，孩子们在亲身体验了制作豆腐美食后，成就感满满。他们迫不及待地想把这种成功和快乐分享给更多的小伙伴。于是老师们设计了别具匠心的“售卖豆腐花”。小小“设计师”们真是创意多多。店铺选址、布置设计、确定价格、分工合作，孩子们互相商量着，一起协作着，把“豆腐花店铺”的生意经营得红红火火。活动当天，孩子们身穿小

续 表

序号	评价	内容
3	家长评价	围裙，头戴小黄帽，把自己装扮成了一个十足的“售货员”，嘴里还甜甜地叫卖着他们自己设计好的创意广告词，面带笑容地吸引更多的“顾客”来买他们的商品。孩子们在活动中突破了自己，施展了才华，增强了自信，收获了快乐！ 这不仅仅是一个课程、一次活动，更是一种点燃和唤醒——点燃幼儿智慧的火花，唤醒幼儿对世界的好奇。

十一、主题环境创设

1. 收集各种豆子的种子放在区角里，让幼儿去认识不同豆子的种子，并对不同豆子的种子进行观察、比较、记录。

2. 在主题墙上展示幼儿认识黄豆—播种—黄豆长大—发现问题—解决问题—丰收的全部过程。

3. 在班级的主题墙上粘贴幼儿观察记录的黄豆生长过程。

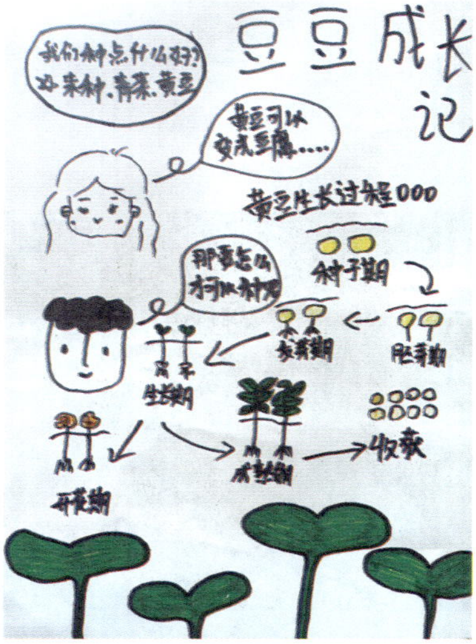

4. 在美工区展示幼儿用粘贴、画画等方式创作的作品，为幼儿创设参与性的环境。

5. 幼儿在家里和家长共同完成亲子活动“豆腐美食品尝”。将黄豆制成各种美食，并请家长拍下精彩瞬间。幼儿回园跟同伴分享，并展示在墙面上。

6. 在阅读区投放《嗨！黄豆》《今天我是一粒黄豆》等相关绘本。

“果”然有趣

单 位 名 称：东莞市高埗贝欣幼儿园
活动设计实施：刘丹
活动实施时间：2022年9—12月
活动实施班级：大班

一、活动名称

本活动名称为“‘果’然有趣”。

二、活动由来

在一天的水果餐中，我发现有幼儿悄悄把小番茄丢到垃圾桶里，于是我抓住这一契机跟幼儿们说了“小番茄”的营养价值，幼儿对番茄的好奇心被激发了，于是“果”然有趣的劳动课程开始了。

三、活动目标

（1）了解小番茄的营养价值，激发吃番茄的欲望。

（2）能用多种方式进行创作。

（3）能自己种小番茄并照顾好自己的番茄，提高责任感。

（4）喜欢参与探究活动，发现与小番茄相关的美食。

四、活动网络图

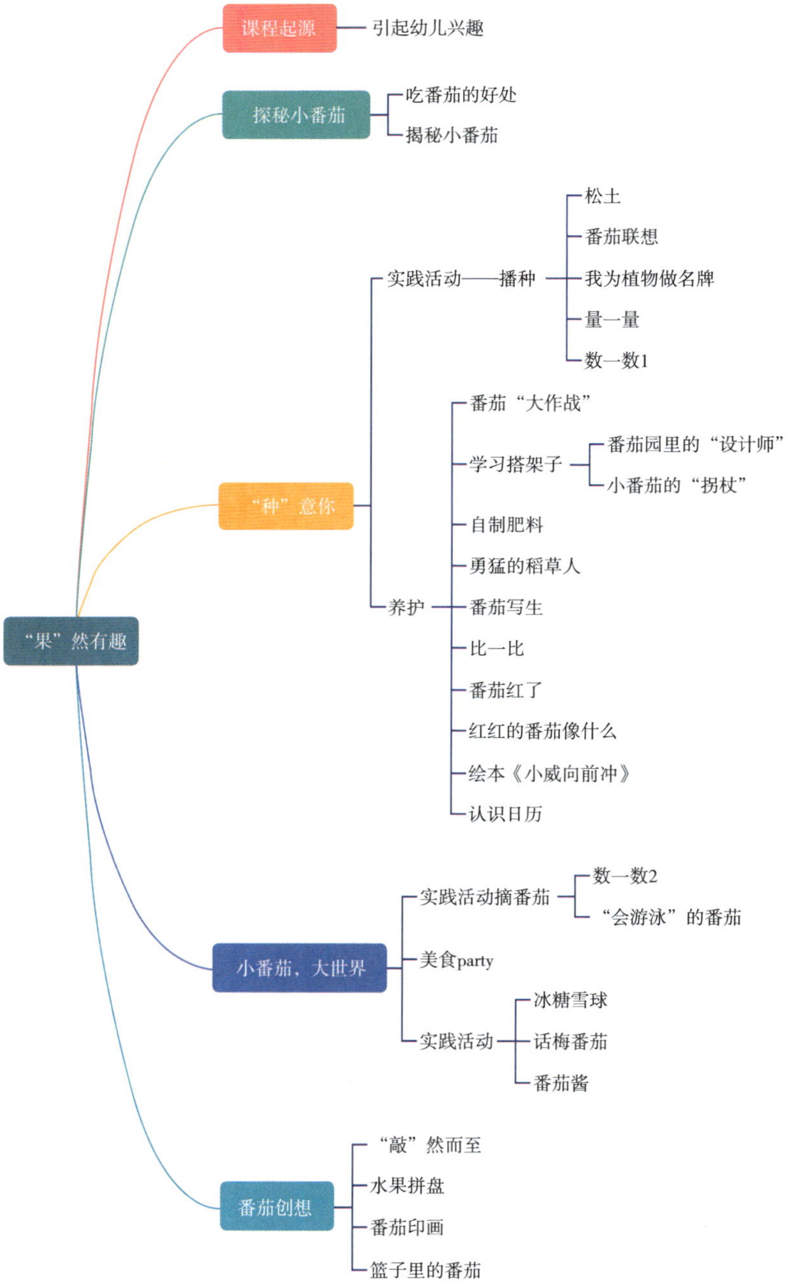
"果"然有趣
课程起源
引起幼儿兴趣
探秘小番茄
吃番茄的好处
揭秘小番茄
"种"意你
实践活动——播种
松土
番茄联想
我为植物做名牌
量一量
数一数1
养护
番茄"大作战"
学习搭架子
番茄园里的"设计师"
小番茄的"拐杖"
自制肥料
勇猛的稻草人
番茄写生
比一比
番茄红了
红红的番茄像什么
绘本《小威向前冲》
认识日历
小番茄，大世界
实践活动摘番茄
数一数2
"会游泳"的番茄
美食party
实践活动
冰糖雪球
话梅番茄
番茄酱
番茄创想
"敲"然而至
水果拼盘
番茄印画
篮子里的番茄

五、活动一览表

活动名称	活动形式			
	集体活动	区域活动	亲子活动	实践活动
吃番茄的好处	√			
揭秘小番茄			√	
松土				√
番茄联想		√		
我为植物做名牌		√		
量一量		√		
数一数1	√			
番茄“大作战”	√			
番茄园里的“设计师”		√		
小番茄的“拐杖”				√
自制肥料		√		
勇猛的稻草人				√
番茄写生		√		
比一比	√			
番茄红了		√		
红红的番茄像什么	√			
绘本《小威向前冲》	√			
认识日历	√			
数一数2	√			
“会游泳”的番茄		√		
美食party			√	
冰糖雪球		√		
话梅番茄		√		
番茄酱		√		

续 表

活动名称	活动形式			
	集体活动	区域活动	亲子活动	实践活动
“敲”然而至		√		
水果拼盘		√		
番茄印画		√		
篮子里的番茄		√		

六、主题活动设计

吃番茄的好处

活动形式：集体活动	
重点领域：√健康　语言　√社会　科学　艺术	
活动目标	1.知道番茄的营养价值有哪些。 2.激发幼儿吃番茄的兴趣。
活动准备	课件“小番茄”
活动过程	一、导入部分：图片导入 师：小朋友，这是什么水果？你喜欢吃吗？ 二、基本部分 1.播放课件，引导幼儿了解小番茄的营养价值。 师：有的小朋友不喜欢吃小番茄，有的小朋友喜欢吃小番茄，但小朋友们知道吗，小番茄里有很多元素是我们的身体最喜欢的哟！ 小结：小番茄里含有丰富的膳食纤维和维生素C，还有胡萝卜素和番茄红素，这些元素对我们的身体都非常的友好哟！ 2.观看图片，了解吃小番茄对身体的好处。 小结：小番茄可以很好地降脂降压、健胃消食、增强免疫力、促进生长发育、保护视力、美容养颜。 三、结束部分 师：原来在小小的番茄里藏着这么多对我们身体有益处的东西，小朋友们在平时也要多吃番茄哟。

续 表

附（图、儿歌、故事等）	
活动延伸	让幼儿设计宣传海报，宣传小番茄的营养价值。
温馨提示	提供小番茄实物，装在餐盘里引导幼儿品尝。

数一数1

活动形式：集体活动	
重点领域：健康　语言　社会　√科学　艺术	
活动目标	1.能两个一组地进行数数并统计。 2.乐于参与以群计数活动。
活动准备	各类玩具、纸、笔、番茄苗。
活动过程	一、导入部分 师：小朋友们，我们的小番茄就要准备移栽了，我们每个人要移栽多少棵呢？ 二、基本部分 1.猜一猜番茄苗的棵数。 2.幼儿学习两个一组数数的方法。 3.幼儿学习统计的方法。 4.幼儿第一次进行数数。 5.幼儿进行分享。 三、结束部分 略。

续 表

附（图、儿歌、故事等）	
活动延伸	在区域活动时为幼儿提供多种玩具，供幼儿练习以群计数。
温馨提示	在以群计数时，可以用物品做记号标记数过的物品。

番茄“大作战”

活动形式：集体活动	
重点领域：健康　语言　社会　√科学　√艺术	
活动目标	1.了解除虫、护果的方法。 2.能自己制作除虫剂。
活动准备	PPT、瓶子、橘子皮、日历、观察记录表。
活动过程	一、图片导入 师：这是什么？你知道它出现在哪里吗？ 师：有的小朋友发现他的番茄叶子被虫子吃了。 二、基本部分 1.引导幼儿了解什么是益虫。 师：所有的虫子都会吃叶子吗？ 小结：并不是所有的昆虫都是对植物有害的。例如，蜘蛛可以吃掉植物中大部分小害虫；蚯蚓的分泌物能使土壤更加肥沃；七星瓢虫可以吃掉叶子上的蚜虫等；蝴蝶、蜜蜂可以帮助植物授粉；赤眼蜂能有效阻止各类害虫的繁殖，如玉米螟、黏虫、蚜虫等。 2.引导幼儿认识哪些是害虫。 师：哪些小昆虫对植物是有害的呢？

续 表

活动过程	小结：蚜虫、青虫、毛毛虫、金龟子、金花虫、天牛、象鼻虫、根虫、线虫等，这些昆虫都对植物有害。 3.幼儿讨论除虫的方法。 4.幼儿自制除虫剂。 三、结束部分 师：除虫剂制作完成后马上就可以用了吗? 小结：除虫剂制作完成后需要发酵一定的时间才能达到除虫的效果。
附（图、儿歌、故事等）	
活动延伸	让幼儿观察除虫剂的变化，做好观察记录，并在日历上做好标记。
温馨提示	注意指导幼儿制作除虫剂的方法。

比一比

活动形式：集体活动	
重点领域：健康　语言　√社会　科学　√艺术	
活动目标	1.能利用工具测量物体的长度，学习正确的测量方法并能对测量的结果进行记录。 2.能与他人合作进行测量，体验与同伴合作的快乐。
活动准备	直尺、笔、纸、桌子、绘本《曹冲称象》。
活动过程	一、图片导入 师：小朋友看看这两棵番茄树哪棵更高呢?你怎么知道的?还有什么方法可以准确地知道它们谁更高呢?

续 表

活动过程	二、基本部分 1.引导幼儿发散思维：还有什么可以当测量工具? 师：老师准备的尺子比较短，有什么东西可以代替尺子呢? 2.教师利用绘本故事《曹冲称象》引导幼儿理解“代替”。 幼儿讨论：在教室里可以测量高度的物品。 幼儿操作：幼儿进行测量与记录。 小结：在用物品进行测量时，要做好起点和终点的标记；在用尺子测量时每一次的起点要在上一次的终点位置。 3.幼儿分组进行第一次测量，教师巡回观察。 4.教师进行小结，并纠正错误的测量行为。 5.幼儿进行第二次分组测量。 6.教师帮助幼儿进行高度的统计，幼儿按数据比高矮。 三、结束部分 师：当我们需要测量物体的长度或高度时，应该选用合适的测量工具。
附（图、儿歌、故事等）	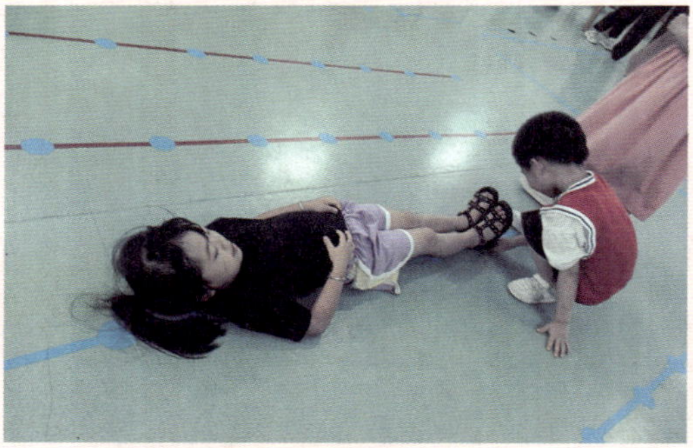
活动延伸	提供多种测量工具，让幼儿测量番茄树的高度。
温馨提示	教师要注意观察，纠正幼儿的错误行为。

番茄红了

活动形式：区域活动	
重点领域：√健康　语言　√社会　科学　艺术	
活动目标	1.理解儿歌内容，感受儿歌的童趣。 2.乐意朗诵儿歌，感受儿歌中的音韵与节奏。
活动准备	新鲜的番茄、鸡蛋、白糖、碗勺等若干，番茄生长过程PPT，视频《番茄红了》。

续 表

活动过程	一、导入部分 师：老师给小朋友带来了一个魔法箱，请大家来摸一摸我的魔法箱里装了什么东西。 请幼儿摸一摸，猜一猜，引出番茄，激发幼儿的兴趣。 （幼儿说出一系列感觉与猜想） 小结：对了，它就是番茄，摸起来滑滑的，颜色红红的。 二、基本部分 1.播放PPT，让幼儿仔细观察番茄的生长过程。 师：绿番茄是怎么变成红番茄的呢？ 小结：番茄苗慢慢长大，结出绿绿的果实，而果实成熟之后就变成红色的了。 2.观看“番茄红了”视频，请幼儿描述看到了什么，鼓励幼儿大声朗读。 3.教师有感情地朗诵“番茄红了”，让幼儿感受其中的音韵与节奏。 三、结束部分 引导幼儿说一说番茄的吃法。
附（图、儿歌、故事等）	
活动延伸	与幼儿一起制作“糖拌番茄”和“番茄炒蛋”，并分享。
温馨提示	要注意引导幼儿感受儿歌中的音韵与节奏。

红红的番茄像什么

活动形式：集体活动
重点领域：健康　语言　√社会　科学　艺术

续 表

活动目标	1.引导幼儿大胆想象，并能用“红红的番茄像……”来描述。 2.愿意在同伴面前大胆表现自己。
活动准备	红红的番茄的图片。
活动过程	一、导入部分 谜语导入：脸圆脸红像苹果，酸甜营养多。既可做菜吃，又可当水果。（谜底：番茄） 二、基本部分 1.幼儿说番茄的特征。 师：刚才的谜语里番茄像什么？ 小结：番茄是红红的、圆圆的，像苹果。 2.引导幼儿大胆想象。 师：你认为番茄还像什么呢？ 师：你为什么这样认为？（引导幼儿说出番茄的特征） 3.逐渐加长句子。 示例：红红的番茄像苹果，一口咬下脆又甜。 4.幼儿上台展示。 三、结束部分 师：红红的番茄很漂亮，它跟我们生活中的很多东西都很像，小朋友回家也可以找找，家里有哪些东西像番茄。
附（图、儿歌、故事等）	
活动延伸	让幼儿寻找生活中的“红番茄”。
温馨提示	要让幼儿完整地用“红红的番茄像……”来表述。

绘本《小威向前冲》

活动形式：集体活动	
重点领域：健康　√语言　√社会　√科学　艺术	
活动目标	1.欣赏绘本，感知生命孕育的过程；知道自己和亲人很像。 2.发现和别人不一样的地方，了解自己的独特之处。 3.体验亲情和生命的美妙。
活动准备	PPT、番茄实物。
活动过程	一、导入部分：引出绘本《小威向前冲》 师：你知道这本书的名字是什么吗？ 师：你觉得向前冲的小威是怎样的小朋友呢？ 二、欣赏故事，积极讨论 1.播放PPT1～4。 师：你们觉得小威是一个怎样的人？你在哪方面是高手？又在哪些方面不太擅长？你是棒棒的小孩吗？ 小结：我们都是棒棒的小孩。 2.播放PPT5～12：思维观察能力的培养。 师：你认为小威该怎么走？ 3.播放PPT13～17：遇到困难向前冲。 师：小威在哪里？小布赶了上来，小威该怎么办？ 4.播放PPT18～19：爱的奇迹。 感知生命孕育的过程。 5.播放PPT20～24：体验亲情和生命的美妙。 师：你猜小娜长大了会是怎样的一个女孩？她的头发可能会是什么颜色的？小娜数学不太好，这有点儿像谁？你觉得她在哪些方面是高手呢？这又是像谁呢？你认为小娜哪里像她的妈妈？ 小结：小娜是布朗先生和布朗太太生的，所以她有的地方像爸爸，有的地方像妈妈。 三、积极描述，快乐游戏 1.我和爸爸妈妈：描述自己与父母像的地方。 师：你长得像谁？哪里像？你除了长得像，哪些方面也很像爸爸妈妈？ 小结：因为你是爸爸妈妈生的，你们是一家人，所以你不仅长得像爸爸妈妈，而且本领（爱好、口味等）也和他们都很像呢！

续 表

活动过程	2.我和别人：找自己与同伴的不同之处。 师：你和爸爸妈妈很像，那和别人呢？哪里不像？ 游戏“我和别人不一样”：用一分钟时间进行观察，再以接龙的方式挨个找同伴，并说说自己与同伴哪些地方不像。 小结：这条龙接得很长了，因为你们有许多和别人不一样的地方。要知道，你与别人不同的地方越多，说明你越与众不同。 四、结束
附（图、儿歌、故事等）	
活动延伸	引导幼儿区分番茄的不同。
温馨提示	番茄用于观察后可以在生活区清洗品尝。

认识日历

活动形式：集体活动	
重点领域：健康 √语言 社会 科学 √艺术	
活动目标	1.初步认识日历中不同符号的意义，知道1年有12个月，1个星期有7天及它们的排列顺序。 2.掌握看日历的方法，能迅速找出日历中的日期。 3.感受日历和我们的生活息息相关，体验合作探索的快乐。

续 表

活动准备	PPT课件、日历册、挂历册、动物图片、幼儿1寸照片。
活动过程	一、故事导入，引导幼儿了解日历的种类及日历中不同符号的意义 1.提问：今天是几月几日？（出示各种日历，引导幼儿了解日历的种类及用途） 2.播放课件，引导幼儿初步认识日历中不同符号的意义。 小结：日历中的不同数字、文字和颜色分别代表的意思。 二、结合故事《年妈妈和它的孩子们》，引导幼儿知道一年有12个月，一个星期有7天及它们的排列顺序 1.讲故事《年妈妈和它的孩子们》，引导幼儿知道一年有365天，12个月。 提问：年妈妈有几个孩子？年妈妈给它的孩子们盖了几座房子？大房子、小房子、最小的房子分别有几座？大房子、小房子、最小的房子分别住多少人？ 2.提问互动，引导幼儿知道一个星期有7天及它们的排列顺序。 提问：为了让孩子们的生活更有规律，年妈妈是怎样安排它们的住处的？ 三、利用多种形式，引导幼儿掌握看日历的方法，并能迅速找出日历中的日期，感受日历和我们的生活息息相关 1.利用课件，让幼儿初步掌握看日历的方法。 提问：请小朋友在日历中找出今天、昨天、明天分别是几月几日、星期几。 小结：找日历的小秘诀就是先找月，再找日，最后对应找星期。 2.制作班级生日册，使幼儿进一步掌握看日历的方法，感受日历和我们的生活息息相关。 玩法：在“大日历”中找出自己的生日日期，并贴上照片，说出自己的生日是几月几日、星期几，巩固幼儿找日历的方法，最后制成生日册。 3.“找节日大比拼”比赛，引导幼儿迅速找出日历中的日期，使其体会合作探索的快乐。 玩法：4人为一组，分为4组，教师说节假日，幼儿迅速在日历中找到相应的日期，圈出后马上举起抢答牌，答得又快又准的一队加分。 小结：今天小朋友们都学会了看日历找日期的小秘诀，其实日历中还藏着许多小秘密，大家回家后可以和爸爸妈妈继续探索哟！ 四、结束

续 表

附（图、儿歌、故事等）	
活动延伸	让幼儿在日历上找对应的节日或家人的生日。
温馨提示	幼儿可以跟家人一起找出各自的生日并做记号。

数一数2

活动形式：集体活动	
重点领域：健康　语言　社会　√科学　艺术	
活动目标	1.能够以5、10为单位进行数群计数。 2.通过计数，体验操作的乐趣。
活动准备	经验准备：幼儿已有逐一计数的感知经验。 教具准备：轻音乐、演示板（已摆好20个棋子）、图片“按群计数”、不同颜色的圆形卡、多种积木。
活动过程	一、导入部分 出示图片，引导幼儿观察，理解以不同数群单位2和5进行计数。 教师：小朋友，图片上有多少个气球？你是怎么数出来的？还有没有别的办法可以数出来？ 教师：图片上一共有10个气球，有的小朋友说可以2个一组数，那2个一组数是怎么数的？请小朋友说一说，还可以怎么数呢？5个一组是怎么数的？ 教师小结：2个一组数就是以2个为一组进行数数，5个一组数就是以5个为一组进行数数。 二、运用演示板操作，练习以2、5、10为单位的按群计数

续 表

活动过程	1.教师出示演示板：小朋友，演示板上有多少个棋子？想一想可以用什么方法来数一数。 教师：请一位小朋友用自己的方法到前面来数一数。还有没有和他不一样的数法？ 教师：如果10个一组数应该怎么数呢？ 教师：请小朋友取出自己的圆形卡，选出自己喜欢的一种颜色。听音乐，把它们依次摆放在自己的桌子上，音乐停止后，小朋友们就要停止摆放了。（幼儿听音乐进行操作） 教师：你选的是什么颜色的圆形卡？有多少个？你是怎么数的？以2个、5个、10个为一组数出来的总数一样吗？数的过程中遇到了什么困难？哪一种方法数得快？ 2.“抱团”游戏。 教师：“今天我们来玩一个叫作‘抱团’的游戏。”老师说游戏规则，所有小朋友手拉手围成一个大圆圈，边走边说：“找呀找呀找朋友，找到几个好朋友？”教师回答：“找到2个好朋友。”听到老师说“2个”后，小朋友们就要2个2个抱在一起。然后，老师再找一名小朋友来数一数，一共有多少个小朋友。（可以说2个、5个、10个） 3.师小结：今天我们学习了按一定的数群计数，你们可以在生活中试着按2个、5个、10个分别数一数物体的个数。 三、结束
附（图、儿歌、故事等）	
活动延伸	在区域活动中提供多种物品让幼儿进行数群计数。
温馨提示	引导幼儿用多种记录方式进行记录。

七、区域材料投放表

区域名称	区域布置与活动参考
建构区	1.在建构区投放各种形状的木块、大小不同的纸盒，幼儿可以自由搭建“番茄园”。 2.放置一些小木棍、绳子或扎带，让幼儿尝试模仿搭架。 3.提供锄头、小铲子让幼儿进行种植活动。
益智区	1.投放“番茄生长观察记录表”，引导幼儿记录番茄的生长过程。 2.投放放大镜、记录表，方便幼儿更好地观察番茄的生长过程。 3.投放尺子，方便幼儿进行测量活动。 4.投放笔和白纸，方便幼儿做记录。
美工区	1.笔类：水彩、油画棒、马克笔、排笔。 2.拓印类：海绵蘑菇头、棉签。 3.纸类：A4画纸、卡纸、皱纹纸。 4.其他材料：装饰材料、胶水、彩泥、白色棉布、木槌。
语言阅读区	1.剪刀、透明胶、画笔、订书机等修补图书的工具和材料，让幼儿学习修补图书。 2.投放相关绘本，如《西红柿女孩》《我绝对绝对不吃番茄》《害羞的西红柿》《小威向前冲》。 3.与幼儿一起制作番茄的生长过程图。

八、活动实录（课程故事）

活动一：松土

通过调查了解了小番茄的种植方法，幼儿们来到了楼顶准备播种。在播种前，我用锄头再次给我们班的种植区松土，这时浩浩说：“老师，你为什么还要松土呢，我们不是已经松过一次了吗？”“对呀，已经松过了，为什么还要再松一次呢？”幼儿们纷纷上前寻问。我没有马上告诉幼儿们原因，而是让他们摸一摸、压一压再次松土前后的两块土地，这时嘉韵说：“老师，我知道了，再次松土之后再播种，种子才能更轻松地发芽。”这时，婷婷也跟着说：“对呀，没有松土就播种，种子就像在石头上一样，要很用力才能把根扎进去。”幼儿们一听纷纷点头附和。解决了幼儿的这个疑问后，我接着进行松土，这时恒仔说："为什么我们要老师来帮我们松土呢？"我一听，马上停止了松土，让幼儿拿上锄头自己松土。结束之后，幼儿们总结：土越松种子越容易发芽。

在观察、探索、实践中，幼儿们的自主探索意识得到了较好的提升，并在松土活动中获得了成就感，加强了责任意识。

活动二：数一数1

番茄苗一天天长大了，很快就要移栽了。一天，在观察幼苗时，乐乐说："我要移栽3棵。"宇恒说："我要移5棵。"

辰辰这时说："你们都要那么多，这么多小朋友怎么够呢？"

乐乐说："这么多，应该够吧。"婷婷说："我们数一下不就知道了。"

于是幼儿们便着手开始数苗。我抓住机会对幼儿们提出了要求，要以群计数，2个2个地数，并在数到10时做记录，再用整数来统计。第一次数时，幼儿们用手来记录"10"，但是数着数着，就不知道记到几了。于是有幼儿提出用纸笔来记录。

幼儿们再次进行以群计数时，又发现了新的问题，子瑜说："老师，我不知道这一棵我有没有数了。"可可观察了一会儿说："我们可以用这些小石头做标记，数到哪里就放到哪里。"其他幼儿都学着可可的样子做标记。

本次的以群计数活动使得大部分幼儿以群计数和统计知识掌握得更牢固了，但仍有一小部分幼儿不能流畅地以群（2个）计数。于是，在回到课室后，我再次利用班级现有的材料组织幼儿进行了巩固练习。在巩固练习时，幼儿们有了第一次的经验，能更好地理解以群计数，还能举一反三地用不同的形式进行记录统计。

九、学习与发展

《指南》指出：愿意与他人讨论问题，敢在众人面前说话；具有自尊、自信、自主的表现；亲近自然，喜欢探究，在探究中认识周围事物和现象。幼儿们通过学习番茄的生长过程，愿意在集体面前大胆表达自己对番茄的认识，并通过番茄写生、粘贴画、番茄印画等体验美术活动带来的乐趣；尝试运用以群计数和不同的记录方法来感知数与量；通过我们最熟悉的事物，挖掘更多有趣的内容。生活是最大的课堂，幼儿们通过直接感知、实际操作和亲身体验获取经验。在整个种植过程中，幼儿们获得了连续性的观察体验，通过和小伙伴探索、分享，表达变得更流畅，更有条理，提升了发现问题和解决问题的能力，学会了主动观察、独立思考。幼儿们在语言、科学、社会、艺术、健康领域都得到了不同程度的发展。在课程实施中，教师以幼儿的直接经验为学习基础，让幼儿在敢于探索和尝试中养成良好的学习品质，通过种植活动使幼儿在幼儿园的生活更愉快，更充实，更丰富。课程来源于生活，源自幼儿的兴趣。探究式学习，最突出的特征之一就是真实性，它关注幼儿的真实世界，解决生活中真实的问题，形成幼儿批判的思维方式，锻炼幼儿沟通表达、团结协作的能力。

十、总结与评价

总结：

在劳动种植活动中，保持幼儿的乐趣很重要，幼儿持续的观察和探究应该受到鼓励。当大班幼儿对某个探究对象产生浓厚兴趣时，会沉浸其中，乐此不疲，这是一种很好的学习现象。这时教师应该支持和鼓励幼儿，如“支持和鼓励幼儿在探究的过程中积极动手动脑寻找答案或解决问题”“支持幼儿自发的观察活动，对其的发现表示赞赏”“支持和鼓励幼儿大胆联想、猜测问题的答案，并设法验证”等，为幼儿的深入探究创造条件。

评价：

序号	评价	内容
1	刘丹教师的反思	本次劳动课程以“‘果’然有趣”为题，来源于幼儿的探究兴趣，引发幼儿的无限想象，并产生一系列的问题。在活动中，幼儿一直保持着高度的热情和浓厚的兴趣，积极主动参与各项活动。在亲身实践和探究中，幼儿自然而然地获得关于种植的认知经验，在劳动中收获深刻的生活经验，这就是自然教育的重要意义。 一、改授“鱼”为“网”，让种植课程更具探索性 课程的生成过程是教师在与幼儿一起进行活动时，能够通过观察，及时发现儿童的兴趣与需要，使课程不断深入的过程，也是师生共同建构对世界、对他人、对自己的态度和认识的过程。 “临渊羡鱼，不如退而结网。”古代教育对学者的要求已不仅是“学到什么”，更重要的是“付诸行动”。因此教师在劳动种植课程的实践中，改变了传统的“教师讲，幼儿听”的教育方式。当有幼儿开始对身边的事物感兴趣时，抓住这个机会激发幼儿去探索、发现那些平时习以为常但又是全新的知识。 二、做好观察与记录，让种植课程更具持续性 活动记录是一种对现象的观察、记忆、记载和回放的过程，也是引发思维的一种直接反映。观察和记录是相互促进、相互融合的，通过观察才能记录，不应局限于科学活动，而应将活动记录的范围进行拓展，让幼儿在以活动为基础的种植课程中经历无意识的、有意向的、有针对性的观察记录过程。在种植课程中，观察与记录这两个环节恰恰是十分重要的。

续 表

序号	评价	内容
1	刘丹教师的反思	三、在种植课程中，教师的优化和提升 在种植活动中，保持幼儿的乐趣很重要，幼儿持续的观察和探究应该受到鼓励。当幼儿对某个探究对象产生浓厚兴趣时，他会沉浸其中，乐此不疲，这是一种很好的学习现象。 1.观察与探寻 教师应观察、探寻幼儿对探究主题的好奇点和兴趣点，考虑哪些观点或概念可以生成幼儿的探究主题。教师有了这些发现后，需要围绕兴趣、经验、价值点、可行性等问题做一个初步的评估，然后确定这个种植活动是否适合幼儿探究，结合预设和生成的内容，形成种植活动的思维导图，在实践中不断改进预先生成的思维导图，以便更合理地开展劳动种植活动。 2.提问与引导 一方面，教师针对幼儿提出的“关键问题”，用问题引导幼儿进行深入的探究。不同的活动、不同的环节和方式，即启发式、开放式、发散式、指导式，会达到不同的引导效果。另一方面，教师鼓励幼儿提出问题，帮助幼儿进一步明确问题，鼓励幼儿对问题“追根究底”，让幼儿带着问题去观察、发现、探究。 3.记录与评价 在探究过程中，一方面教师要特别关注自己的观察记录，随时用图表、文字、符号、照片等形式，记录幼儿在探究过程中的每个精彩瞬间，以作为研究幼儿、评价幼儿、引导幼儿的第一手资料。另一方面，教师应注重幼儿的记录和交流，鼓励幼儿用多种方式记录自己的发现和体验，引导幼儿主动与同伴交流自己的探究过程和发现，组织幼儿围绕某一个话题进行小组和集体讨论，充分展现幼儿的观点，珍视幼儿在学习过程中表现出的兴趣、想法、困难、问题，使幼儿在记录、交流中积累经验，学习方法，发展思维，提高探究能力。
2	尹思梦园长评价	在生活化课程中，教师要真正地做到让幼儿在生活中学习，在学习中生活，汲取生活之经验，反馈生活之恩赐。在我们的课程中，幼儿对发生在番茄身上的事情感兴趣，喜欢发现番茄的变化，而教师只需静静地等待“花开”，不操之过急，不要求过高，在顺应幼儿自身发展的基础上，科学地加以指导和帮助。幼儿们在成长，教师们也在成长。

续 表

序号	评价	内容
3	家长评价	自从开展种植活动以来，幼儿们的动手能力、逻辑思维能力强了很多，特别是在遇到问题时不再是一味地依赖大人，而是先自己想办法。幼儿们从自己播种到收获番茄，在种植中体验劳动带来的辛苦和快乐，感受食物的来之不易。

十一、主题环境创设

1. 收集不同的番茄，幼儿对其进行比较、记录。

2. 在主题墙上展示活动：吃番茄的好处、揭秘小番茄、松土、番茄联想等。

3. 在班级的主题墙上粘贴幼儿观察记录番茄的生长过程。

4. 幼儿在美工区中，用拓印、画画等方式，画出心中的番茄。为幼儿创设参与性的环境。

5. 幼儿在家里和家长共同完成亲子活动“揭秘小番茄”“美食Party”，尝试番茄的不同做法，回园跟同伴分享。

6.在阅读区，投放《西红柿女孩》《我绝对绝对不吃番茄》《害羞的西红柿》《小威向前冲》等有关番茄的绘本。

我上幼儿园

单 位 名 称：东莞市塘厦水霖新龙幼儿园
活动设计实施：梁雅莉、罗才维、张凯莹
活动实施时间：2022年9—12月
活动实施班级：小班

一、活动名称

本活动的名称为“我上幼儿园”。

二、活动由来

对新入园的幼儿来说，适应幼儿园生活是一个大挑战，在新的环境中，幼儿的焦虑、不安会在心理和生理上对幼儿造成一定的影响，因此，教师应帮助幼儿了解周围环境并适应新环境，结合生活实际对幼儿进行教育。

三、活动目标

知识：了解、熟悉幼儿园生活，初步适应集体活动；熟悉幼儿园里的标识和幼儿园环境。

技能：在公共场所走失时能向警察或相关人员说出自己和家长的名字、电话号码等简单信息。

情感：喜欢上幼儿园，愿意参与幼儿园的活动，能说出自己的想法。

四、活动网络图

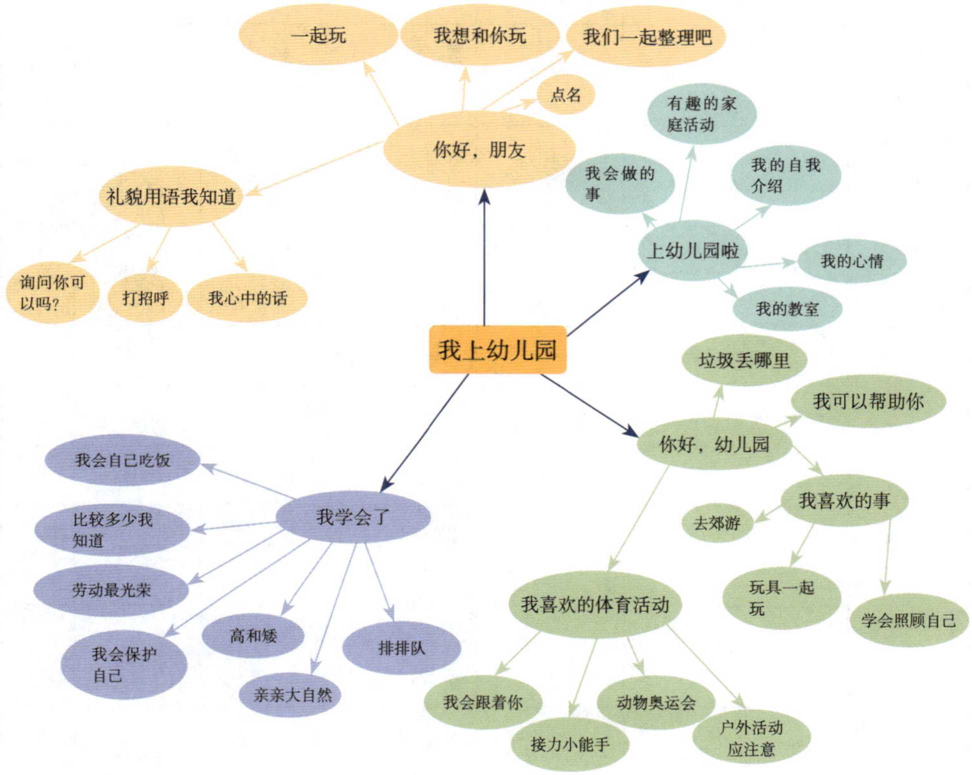

五、活动一览表

活动内容	活动名称/关键经验	活动形式	材料投放	教研/备课	备注
学习活动	你好，朋友	集体活动	语言区：自我介绍	教研	
	我的教室	集体晨谈	主题墙：课室的一角	教研	
	点名	集体晨谈	生活区：点名游戏	教研	
	礼貌用语我知道	集体晨谈	语言区：手偶娃娃	教研	

续 表

活动内容	活动名称/关键经验	活动形式	材料投放	教研/备课	备注
学习活动	我会保护自己	集体活动	语言区：相关绘本故事	教研	
	比较多少我知道	小组活动	数学区：各类积木、玩具	教研	
	高和矮	集体活动	数学区：各类积木、玩具	教研	
	亲亲大自然	集体活动	美工区：投放自然材料，如树叶、树枝	教研	
自主游戏活动	我的心情	区域活动	主题墙：情绪变变变	备课	
	玩具一起玩	集体晨谈	建构区：拼搭玩具	备课	
	我喜欢的事	小组	美工区：彩笔、白纸	教研	
	我们一起整理吧	区域	生活区：整理书包、玩具等活动剪影	教研	
	我想和你玩	区域	娃娃家：过家家玩具，如碗、勺	教研	
	一起玩	个别、小组	生活区：和同伴一起开心玩剪影	教研	
	我会做的事	个别、小组	生活区：良好习惯行为的剪影	备课	
	去郊游	户外	语言区：旅游的照片	教研	
体育活动	我喜欢的体育活动	户外	扩展区：篮球、高跷	教研	
	接力小能手	户外	扩展区：接力棒	教研	
	动物奥运会	户外	扩展区：龟兔赛跑	教研	
	我会跟着你	户外	扩展区：活力早操	教研	
	户外活动应注意	户外	扩展区：安全警示牌	备课	

续 表

活动内容	活动名称/关键经验	活动形式	材料投放	教研/备课	备注
生活活动	我会自己吃饭	个别、小组	生活区：正确拿勺子方法的剪影	教研	
	排排队	个别、小组	生活区：幼儿自觉排队的剪影	备课	
	劳动最光荣	个别、小组	生活区：幼儿收拾桌面、书包的剪影	备课	
	垃圾丢哪里	集体晨谈	生活区：垃圾分类的剪影	教研	
	我可以帮助你	集体晨谈	生活区：乐于助人的剪影	备课	
	学会照顾自己	集体晨谈	角色区：娃娃	备课	
	有趣的家庭活动	集体晨谈	生活区：承担一些小任务、开心活动的留影	备课	
	打招呼	集体晨谈	角色区：娃娃	教研	

六、主题活动设计

活动一：我会自己吃饭

活动目标：

（1）教育幼儿在园能自己吃饭，在家也能自己吃饭。

（2）培养幼儿自己吃饭的习惯。

（3）让幼儿掌握正确的吃饭方法。

活动准备：视频、儿歌。

活动过程：

（1）导入活动

幼儿集体朗诵儿歌《自己吃饭香》。

教师：小朋友们真能干，都学会了自己吃饭。小黄狗和小黑狗会不会自己

吃饭呢？我们一起去看看，好吗？（放音乐，幼儿自由律动）

（2）看情景表演——“小黄狗和小黑狗”

教师：狗妈妈家有哪两只小狗宝宝？你喜欢哪只小狗，为什么喜欢它？

看实况录像1：

① 小朋友看到自己了吗？你是怎样吃饭的呢？

② 你还看到了谁？它是怎么吃饭的？

教师小结：小朋友和小黄狗一样能干，在幼儿园不用老师喂，会自己吃饭。

你们在家里是自己吃饭还是别人喂呢？请在家里自己吃饭的小朋友举手。

看实况录像2：

① 她是谁呀？这位小朋友在家里吃饭时是怎样做的呢？

② 请这位小朋友来告诉大家，在家里自己动手吃饭时心里感觉怎么样？

教师小结：这位小朋友真棒！在幼儿园、在家都是自己吃饭，老师要奖给她一朵大红花。老师这里还有许多神奇的红花，如果你们像她一样，在家里也能自己吃饭，红花就会与你交朋友。我们来比一比，谁的红花朋友最多。

活动延伸：共进午餐。请家长来园和孩子一起就餐，让家长了解自己的孩子在幼儿园就餐的情况，使家长知道自己的孩子很能干，在家中要放手让孩子多锻炼。

活动二：劳动最光荣

活动目标：

（1）让幼儿对班级劳动日有更加深刻的认识，了解劳动成果的来之不易。

（2）通过让幼儿参与劳动，引导幼儿萌发热爱劳动的情感，使幼儿养成爱劳动的好习惯。

（3）提高幼儿的自主动手能力和创造力，培养幼儿的责任感和义务感。

活动内容：

（1）观看相关视频资料，了解班级劳动日的由来和意义。

（2）组织班级卫生大扫除，让幼儿参与其中，使其体验劳动的乐趣。

（3）开展“小工匠”手工制作活动，引导幼儿制作简单的劳动工具，如拖把、扫帚、抹布等。鼓励幼儿在家帮助家人做力所能及的家务劳动。

活动准备：

（1）幼儿园环境布置，营造劳动氛围。

（2）提前与家长沟通，取得家长的支持和配合。

（3）制作简单劳动工具的材料，准备教学用具和场地。

活动过程：

（1）视频播放：播放相关视频资料，让幼儿了解各行各业劳动者的辛勤付出和劳动成果。

（2）班级卫生大扫除：组织幼儿分组进行卫生打扫，包括擦玻璃、扫地、整理玩具等，让幼儿体验劳动的过程和成果。

（3）“小工匠”手工制作活动：教师示范制作简单的劳动工具，如拖把、扫帚、抹布等，让幼儿自由发挥想象力，提高幼儿的自主动手能力和创造力。

（4）分享交流：在活动结束后，组织幼儿分享自己的劳动过程和成果，鼓励幼儿表达自己的感受和收获，增强幼儿的自信心和表达能力。同时，向家长反馈幼儿的表现和进步，建立家园共育机制。

总结：首先，本次幼儿园劳动教育实施方案旨在通过一系列活动，让幼儿在五一劳动节期间了解劳动的意义和价值，萌发热爱劳动的情感，养成爱劳动的好习惯。其次，通过班级卫生大扫除和“小工匠”手工制作活动，提高幼儿的自主动手能力和创造力，培养幼儿的责任感和义务感。最后，在与家长的沟通和反馈中，建立家园共育机制，共同促进幼儿全面发展。

七、区域材料投放表

<table>
<tr><th>区域名称</th><th>场景类材料</th><th>特征性材料</th><th>辅助性材料</th></tr>
<tr><td rowspan="3">娃娃家</td><td rowspan="3"></td><td rowspan="2"></td><td>墙壁“电视机”，幼儿全家福照片、摆台，婴儿小推车、儿童餐具</td></tr>
<tr><td>帐篷、公仔布偶、人偶芭比小娃娃、小型床上用品（被子、垫子、枕头）</td></tr>
<tr><td></td><td>厨房小餐厅、烤炉、塑料食物和厨具</td></tr>
<tr><td rowspan="2">语言区</td><td rowspan="2"></td><td></td><td>绘本</td></tr>
<tr><td></td><td>天气相关图片、动物头饰、水果蔬菜分类资料</td></tr>
</table>

续 表

区域名称	场景类材料	特征性材料	辅助性材料
益智区		 	垃圾分类材料、走迷宫图、几何图形对应材料、数物对应材料等
美工区			颜料、双面胶、颜料盘、彩绳、报纸、碎粘贴纸、水果网等
			牛奶盒、纸轴筒、剪刀、绒毛粒等
	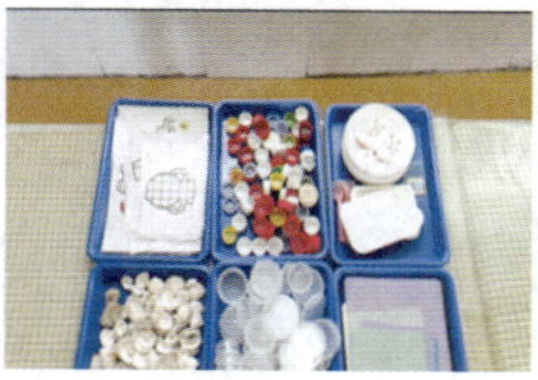	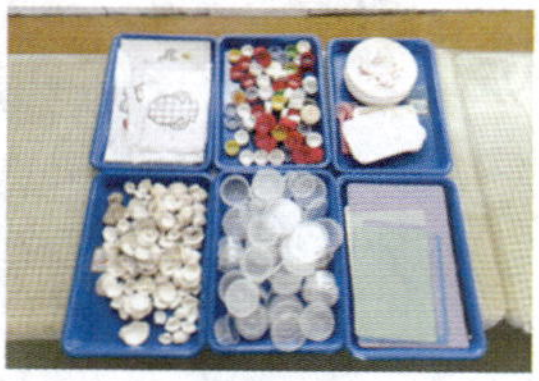	半成品画、瓶盖、蛋糕碟、贝壳、干果壳、黏土、泥工板等
“小医院”	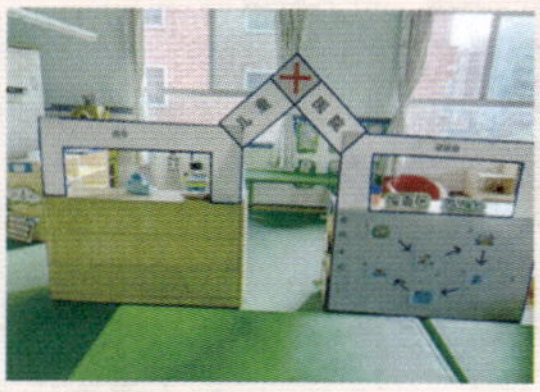		核酸检测站模型、医疗服装

续 表

区域名称	场景类材料	特征性材料	辅助性材料
“小医院”		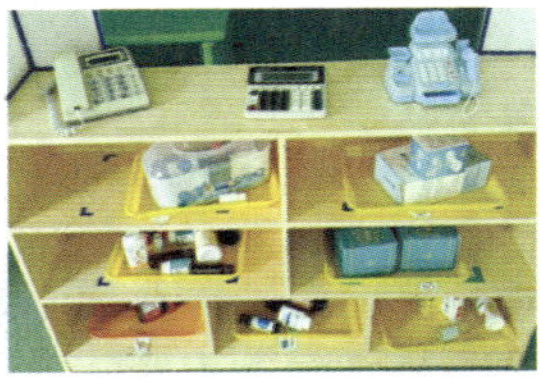	药品、口罩、医药箱、收银台模型、电话模型、计算器等
		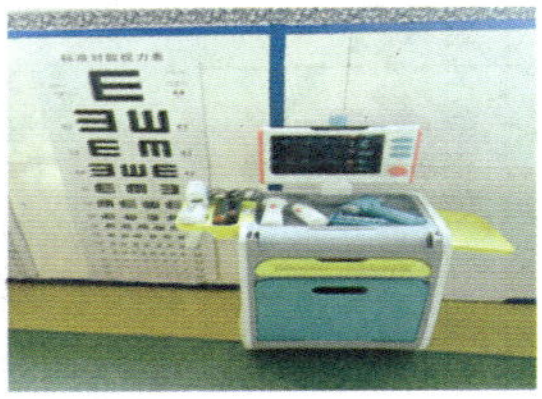	医疗器械台模型、视力表等
“海底捞”			厨具架子、锅底名称、锅碗瓢盆、各种调料、菜单等模型
			收银台、键盘、显示屏、钱柜、钱等模型，收钱二维码
			蒸笼、烧烤架、灶台等模型
			客人桌子、火锅炉子等模型

续 表

区域名称	场景类材料	特征性材料	辅助性材料
建构区			大型泡沫积木、奶粉罐、瓶子、牛奶盒
			幼儿园教室照片

八、活动实录（课程故事）

主题墙	 

续 表

适应 新环境	对新入园的幼儿来说，适应幼儿园的生活是一个大挑战，在新的环境中，幼儿的焦虑、不安会在心理和生理上对幼儿造成一定的影响。教师在幼儿熟悉环境的过程中要帮助幼儿了解周围的环境，结合生活实际对幼儿进行劳动教育。
探索过程	背景：幼儿分离焦虑。 师：宝贝，来抱抱。你为什么哭呀？ 幼：我要妈妈，我要回家。 师：你为什么要妈妈、要回家啊？你是不是想妈妈啊？ 幼：是。 师：好的，宝贝，老师知道你和妈妈分开后很想妈妈，老师陪着你，放学后妈妈就会来接你回家。现在我们和小朋友们一起去玩游戏，好不好？ 幼：好的。  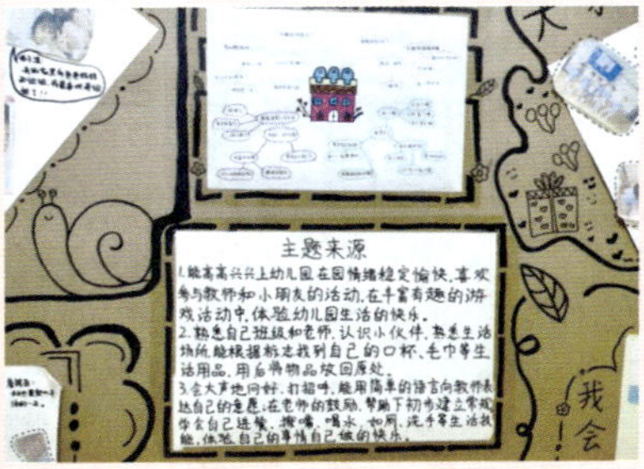  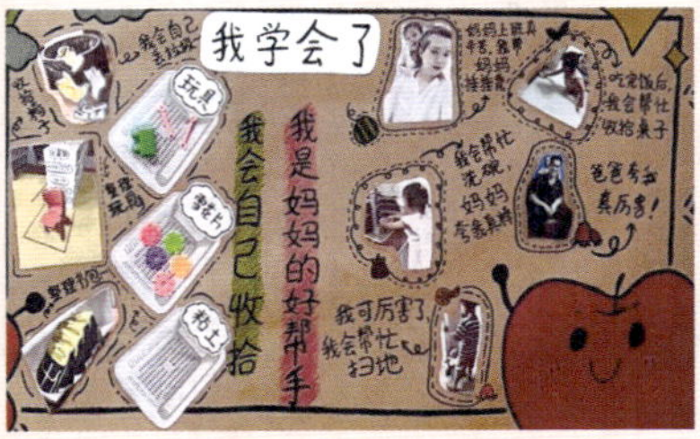 

续 表

<table>
<tr><td>探索过程</td><td>
</td></tr>
<tr><td>水平发展评价</td><td>通过主题活动，幼儿了解、熟悉了幼儿园生活，初步适应集体活动，熟悉了幼儿园里的标识和幼儿园环境，并且能够在小长假结束后正常进行幼儿园生活。部分抵抗力较弱的幼儿生病请假在家休养，在家期间想念老师和同学，反而想来上幼儿园了。
家长也反馈幼儿上了幼儿园，在礼仪礼貌、自理能力、自我安全意识上都有所提升，并且更喜欢上幼儿园了。</td></tr>
<tr><td>活动照片展示</td><td>能干的我：小班劳动日照片。
 </td></tr>
</table>

续 表

<table>
<tr><td rowspan="2">活动照片展示</td><td>隐性教育环境创设。
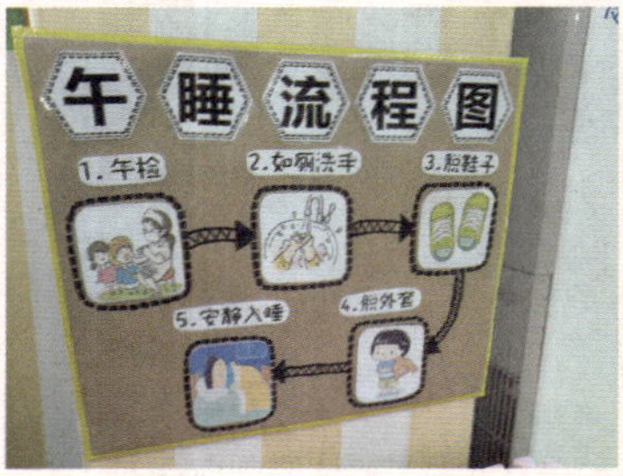

</td></tr>
<tr><td>家长进园劳动日。
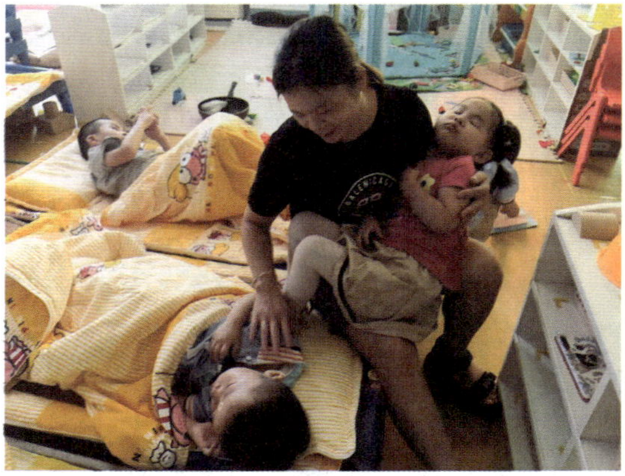</td></tr>
</table>

九、学习与发展

劳动教育对幼儿身体健康成长、心理健康发展都大有裨益。劳动教育在促进幼儿身体发育的过程中也培养了幼儿开朗的性格，让幼儿从内心深处热爱劳动，愿意通过劳动让自己的生活一点点发生改变。

培养责任感和义务感：通过参与劳动，幼儿可以体会到家庭和社会的责任感，明白每个人都应该为社会做出贡献，对家庭尽责。这种责任感和义务感的培养不仅有助于幼儿在日常生活中更好地扮演自己的角色，也有助于他们在未来的人生道路上走得更远。

培养独立性和自主性：劳动教育可以培养幼儿的独立性和自主性。在劳动过程中，幼儿需要自己动手完成任务，独立思考并解决问题。这有助于幼儿形成独立自主的个性。

促进手脑并用：劳动使幼儿手脑并用，有益于幼儿的生理和心理健康。双手的协调运动，可以刺激幼儿大脑的发育，也有助于提高幼儿的创造力。

培养团队合作精神：在幼儿园的劳动教育中，幼儿们一起合作完成任务，相互帮助。这有助于培养幼儿的团队合作精神。这种合作精神不仅有助于幼儿在学校的学习，也有助于幼儿在未来的工作和生活中更好地融入社会。

培养良好的生活习惯：劳动教育可以让幼儿了解到劳动的价值和重要性，从而培养幼儿热爱劳动、珍惜劳动成果的良好生活习惯。这些习惯不仅有益于幼儿的个人成长，也有益于整个社会的进步。

发展个性和拓展兴趣：劳动可以发展幼儿的个性，拓展幼儿的兴趣爱好。在劳动中，幼儿可以根据自己的兴趣和能力选择适合自己的任务，这样可以让他们在完成任务的同时，发展自己的特长和爱好。

幼儿在劳动的过程中能够发展身体，锻炼意志，培养责任心，形成正确的劳动观念，从而尊重劳动，热爱劳动。劳动实践可以让幼儿的自主动手能力获得发展，培养其创造力。幼儿园劳动教育还有助于提高幼儿的学习兴趣和积极性，增强幼儿的自我认知，提高自我控制能力，促进其社交能力发展，丰富情感体验。

十、总结与评价

总结：

劳动教育有助于促进幼儿的个人成长及全面发展。任何方式的教育都是长时间的培养才有效果，劳动教育需要家长、教师、幼儿三方面的长期坚持，潜移默化地让幼儿养成良好的生活习惯，进而促进幼儿成长、发展。坚持劳动教育能够让幼儿在基础生活技能方面得到进步。幼儿看到自己通过劳动提高了生活质量，就会更有动力去学习，接受新事物，从而不再需要家长和教师每天督促学习。

幼儿园劳动教育是培养幼儿动手能力、自理能力和良好劳动习惯的重要途径。在幼儿园实施劳动教育的过程中，我们采取了多样化的形式和内容，包括日常生活劳动、服务性劳动和种植劳动等。日常生活劳动包括洗手绢、整理房间、洗餐具等，服务性劳动包括为他人服务、为班级服务、为幼儿园服务等，种植劳动包括种花、种菜等。这些劳动形式和内容符合幼儿的年龄特点和实际情况，有利于提高幼儿的自理能力和动手能力。

幼儿园劳动教育实施效果显著。通过劳动教育，幼儿们更加热爱劳动，积极参与到日常劳动和服务性劳动中。他们的动手能力和自理能力得到了提高，自信心和创造力也得到了激发。同时，家长们对幼儿园的劳动教育也给予了高度评价和认可，认为这种教育方式有助于培养孩子的独立性和责任感。

然而，我们的幼儿园劳动教育也存在一些问题。部分劳动内容简单，缺乏挑战性，不能很好地激发幼儿的创造力和想象力。针对这些问题，我们提出了以下对策：一是丰富劳动教育的形式和内容，如开展手工制作、种植等活动；二是加强教师培训，提高教师的劳动教育意识和能力；三是加强家园合作，共同促进幼儿的全面发展。

幼儿园劳动教育对幼儿的成长和发展具有重要意义。通过劳动教育，幼儿可以锻炼自己的动手能力和自理能力，培养自信心和创造力，提高责任感和义务感。

未来，我们将继续丰富幼儿园劳动教育的形式和内容，拓展劳动教育的领域和范围，加强家园合作和沟通，努力促进幼儿的全面发展。总之，幼儿园劳动教育是一项重要的教育工作，有助于培养幼儿的独立性、自主性、责任感和义务感。通过不断探索和实践，我们将进一步完善幼儿园劳动教育，为幼儿提供更加优质的成长环境。

评价：

序号	评价	内容
1	梁雅莉老师的反思	在劳动课程中，支持幼儿的方式有很多。 首先，我可以为幼儿提供需要的工具和材料，以确保他们能够顺利完成任务。 其次，我会鼓励幼儿发挥自己的创造力和想象力。例如，在手工制作任务中，我会鼓励幼儿尝试新的设计和图案，让他们自由表达自己的想法。这样不仅可以培养幼儿的创造力，还能增强幼儿的自信心。 最后，我会给予幼儿足够的自主权。在一些实践性的任务中，我会让他们自己选择和安排工作步骤，培养他们的计划能力和组织能力。当幼儿遇到问题或困难时，我会鼓励他们寻找解决的方法并互相帮助，培养他们的团队合作能力和解决问题的能力。
2	张凯莹老师的反思	幼儿参与度较高：通过本次劳动教育活动，我们发现幼儿参与度比较高。幼儿在活动中表现出了浓厚的兴趣和积极的参与态度，能够自主完成一些简单的劳动任务。这让我们看到了幼儿的劳动潜力和积极性，也为下一步的劳动教育奠定了较好的基础。 教师指导作用很重要：在本次劳动教育活动中，教师起到了重要的指导作用。他们通过示范、讲解、引导等方式，帮助幼儿掌握正确的劳动技能和方法，提高幼儿的劳动效率和质量。同时，教师还注重激发幼儿的积极性和创造力，让幼儿在自由发挥的过程中体验劳动的乐趣和成就感。 家长合作和支持很重要：在本次劳动教育活动中，我们与家长进行了密切的合作和沟通。我们向家长们介绍了本次活动的目的和意义，希望他们能够给予幼儿支持和配合。家长们也非常积极地回应了我们的邀请，鼓励幼儿在家参与家务劳动，并及时反馈幼儿的表现和进步。这种家园共育的模式不仅促进了幼儿的全面发展，也增强了家庭教育的合力和效果。 活动策划需要更加细致：在本次劳动教育活动中，我们在活动策划方面还有一些不足之处。例如，我们没有充分考虑到幼儿的年龄特点和身体条件，选择了一些较为复杂的手工制作任务，导致部分幼儿无法胜任或感到困难。因此，我们需要在今后的劳动教育活动中更加注重细节和个体差异，让每个幼儿都能够参与到活动中并获得收获。
3	夏冰茹园长评价	劳动课程在幼儿的成长过程中起着非常重要的作用。作为一名园长，我认为劳动课程对幼儿的成长有着积极的意义。

续 表

序号	评价	内容
3	夏冰茹园长评价	首先，劳动课程可以帮助幼儿培养动手能力和创造力。在劳动课程中，幼儿可以亲自动手参与各种活动，如绘画、剪纸、手工制作等。这不仅可以锻炼幼儿的手眼协调能力，还可以激发幼儿的创造力和想象力。通过亲自动手制作，幼儿可以将自己的想法付诸实践，并且通过不断尝试和改进，逐渐提升自己的动手能力和创造力。 其次，劳动课程可以培养幼儿的耐心和毅力。在劳动课程中，幼儿可能需要花费较长的时间完成一个作品或一个任务。这需要幼儿保持耐心和专注，不断尝试和坚持，直到取得成功。通过这样的经历，幼儿可以学会面对困难时不气馁，坚持下去。耐心和毅力的培养对于幼儿的成长和将来的学习都非常重要。 最后，劳动课程可以培养幼儿的合作精神和团队意识。在劳动课程中，幼儿常常需要和其他幼儿一起合作完成任务。他们需要相互沟通、协调和分工合作。通过这样的合作，幼儿可以学会倾听他人的意见，尊重他人的权益，并且形成团队合作的意识。这种合作精神和团队意识不仅对于幼儿的个人成长有着积极的影响，也为他们将来的社交和工作能力奠定了基础。 总之，劳动课程在幼儿的成长中起到了非常重要的作用。通过劳动课程，幼儿可以培养动手能力、创造力、耐心和毅力，以及合作精神和团队意识。这些对于幼儿的整个成长过程都有着积极的影响，可以帮助他们养成积极向上的品质和态度。作为园长，我会重视劳动课程的开展，并且在日常教育中注重培养幼儿的动手能力、创造力、耐心和毅力、合作精神和团队意识。
4	家长评价	在孩子的成长过程中，劳动课程对他们的影响是不可忽视的。家长们也逐渐意识到，劳动课程对孩子的成长是十分重要的。 首先，劳动课程培养了孩子的动手能力。通过亲身实践，孩子们能够学会使用各种工具，掌握一些基本的手工技能。这些技能对于孩子们未来的生活是非常实用的，无论是修理家电还是制作一些小装饰品，都能展现他们的才艺和实际能力。 其次，劳动课程培养了孩子们的耐心与毅力。在完成一个手工作品或者修理一个机械时，孩子们需要耐心细致地操作，不能急躁。这种耐心和毅力的培养有助于孩子们在未来的学习和生活中保持专注和恒心。 再次，劳动课程培养了孩子们的团队合作意识。在劳动课程中，孩子们经常需要和同伴一起完成一项任务。这要求他们能够有效地与他人进行合作，并学会互相帮助和倾听他人的意见。这种团队合作的意识在孩子们长大后的工作和生活中都是至关重要的。

续 表

序号	评价	内容
4	家长评价	最后，劳动课程还培养了孩子们的创新思维。通过动手实践，孩子们可以尝试不同的方法和创意来解决问题。这样的经历能够激发他们的创造力和创新能力，培养他们独立思考和解决问题的能力。 综上所述，劳动课程对孩子的成长是非常积极的，不仅能够培养他们的动手能力、耐心和团队合作意识，还能够激发他们的创新能力。因此，家长们应该重视并支持孩子参与劳动课程的学习。

十一、主题环境创设

1. 设计目的

劳动活动环境的创设，可以为幼儿提供安全、舒适、有趣的劳动场所，促进幼儿的动手能力和劳动技能的发展，也可以培养幼儿的独立性、责任感和合作精神。

2. 设计原则

（1）安全性：劳动活动区域应该保证幼儿的安全，如使用防滑地板、安装防护网等。

（2）多样性：劳动活动环境应该多样化，包括不同的工具、材料和任务，让幼儿能够选择自己喜欢的活动方式。

（3）互动性：在劳动活动中，幼儿需要与同伴合作完成任务，因此环境应该设计成有利于互动和合作的形式。

（4）启发性：劳动活动环境应该激发幼儿的想象力和创造力，让他们能够在完成任务的过程中获得乐趣和成就感。

3. 具体设计方案

地面铺设：选择防滑、易清洁的地板材料，如防滑瓷砖或地毯，并确保地面平整无障碍物。

墙面装饰：在墙面上贴上一些与劳动相关的图片和文字，如“勤劳的小蜜蜂”“劳动最快乐”等，以激励幼儿积极参与劳动活动。

工具设备：提供各种劳动工具和设备以方便不同年龄和能力的幼儿选择，如小铲子、小刷子、小锤子等。同时，要确保这些工具的安全性和易于操作。

材料存放：为幼儿准备足够的材料和物品，如纸张、颜料、剪刀等，并将其整齐地放置在指定的区域，方便幼儿取用和管理。

任务布置：根据幼儿的年龄和能力水平，设计不同类型的任务，如剪纸、画画、搭建积木等，让每个幼儿都能找到适合自己的劳动活动。

休息区域：设置一个舒适的休息区域，提供一些沙发、椅子和小桌子供幼儿放松休息，并提供一些水果、小吃等食物作为奖励。

教师指导：在劳动活动过程中，教师要起到引导和监督的作用，及时给予幼儿帮助和鼓励，确保活动的顺利进行。

家长参与：鼓励家长参与到劳动活动中来，如组织家庭劳动日、亲子DIY等活动，增强家园合作的力度。

在区角里创设环境，让幼儿能够对照一日生活，对不同时间的生活内容及具体操作流程进行观察、比较、学习。在主题墙上展示“我上幼儿园—你好，幼儿园—你好，朋友—我学会了—我的心情”等主动学习的过程。

在班级的主题墙上粘贴幼儿观察记录帮助其他小朋友的过程图片或文字。

幼儿在美工区尝试画出“我喜欢的老师的衣服”，并粘贴在主题墙及班级各个角落，为幼儿创设参与性的环境。

幼儿在家里和家长共同完成亲子活动。

在阅读区，投放《大卫不可以》《大卫上学去》等绘本。

通过以上设计方案，我们可以为幼儿创造一个丰富多样、有趣、安全的劳动活动环境，促进他们的全面发展和健康成长。

遇见花生

单 位 名 称：东莞市高埗贝欣幼儿园
活动设计实施：程馨慧
活动实施时间：2023年2月—2023年6月
活动实施班级：中班

一、活动名称

本次活动的名称为“遇见花生”。

二、活动由来

《指南》中指出：亲近自然，喜欢探究，在探究中认识周围事物和现象。幼儿园种植区就是大自然的一个缩影，是幼儿认识自然的最直接途径，它为幼儿提供了可以每日接触、长期观察、亲自管理、动手操作的机会。有一天早餐吃的是盐水花生，幼儿们问我：“老师，花生从哪里来的呢？”于是一场关于花生的探索之旅就此开始了。

三、活动目标

（1）知道花生的营养价值及花生的生长过程。

（2）种植花生并照顾好自己的花生，提高责任感。

（3）能用多种方式进行创作。

（4）喜欢参与探究活动，发现与花生相关的美食。

四、活动网络图

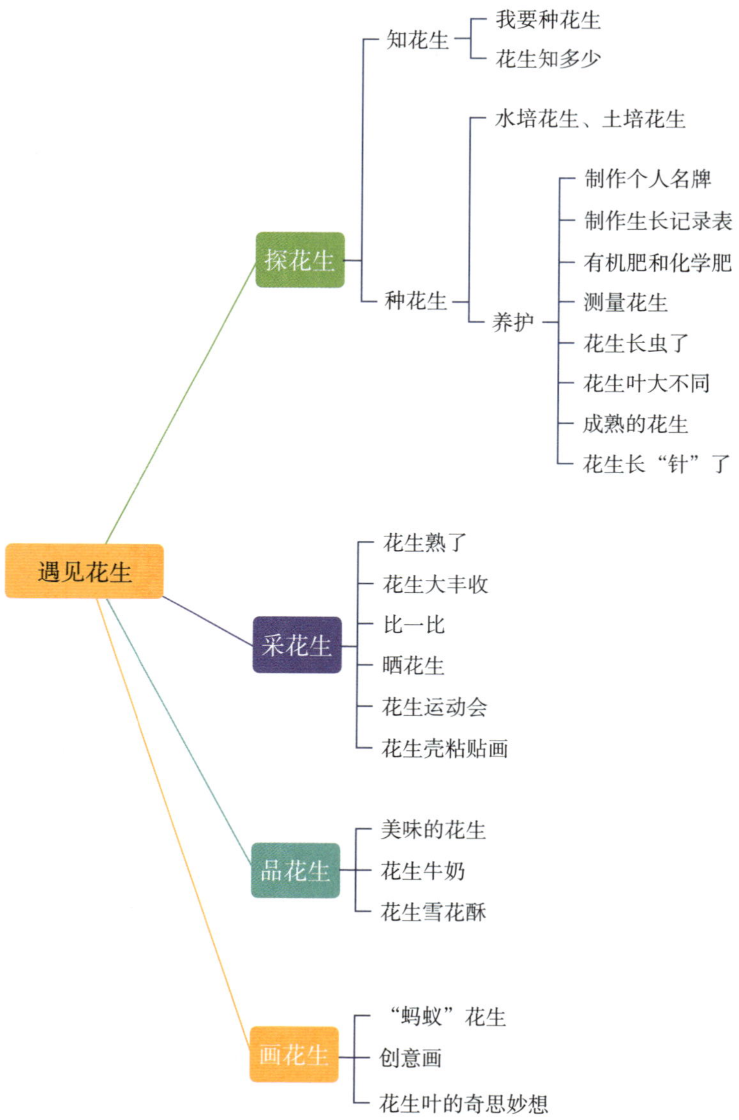

五、活动一览表

活动名称	活动形式			
	集体活动	区域活动	亲子活动	社区活动
我要种花生	√			
花生知多少		√		
水培花生			√	
土培花生			√	
制作个人名牌	√			
制作生长记录表		√		
有机肥和化学肥	√			
测量花生	√			
花生长虫了		√		
花生叶大不同	√			
成熟的花生	√			
花生长“针”了	√			
花生熟了	√			
花生大丰收	√			
比一比	√			
晒花生				
花生运动会		√		
花生壳粘贴画	√			
美味的花生			√	
花生牛奶				√
花生雪花酥				√
“蚂蚁”花生	√			
创意画				
花生叶的奇思妙想	√			

六、主题活动设计

我要种花生

活动形式：集体活动	
重点领域：健康　语言　社会　√科学　艺术	
活动目标	1.引导幼儿了解花生的生长过程。 2.通过故事引导幼儿多思考、多探索、多尝试。
活动准备	课件、花生图片。
活动过程	1.导入部分 谜语导入，激发兴趣。 师："麻屋子，红帐子，里面住着白胖子"，小朋友们知道这是什么吗？（谜底：花生） 2.基本部分 （1）播放课件，引导幼儿积极探索。 师：小朋友们，故事里的主人公小毛豆的身边发生了一件有趣的事情。（播放课件，幼儿一起欣赏） （2）探秘花生，了解花生的生长过程。 师：小朋友们，你们知道花生应该种在哪里吗？ （鼓励幼儿发挥自己的想象力，引导幼儿一起探索花生的种植条件） 师：看！花生发芽了吗？它结果了吗？它的果实是长在哪里的？ （幼儿根据教师的问题进行表述，重点说出花生的果实是长在土里的） 3.交流讨论如何种植花生 可以尝试水培和土培的方法，一起探索哪种方式更合适。
活动延伸	在区域里面投放花生壳，让幼儿制作花生壳粘贴画。
温馨提示	可以让幼儿将花生洗干净后装在餐盘里品尝。

制作个人名牌

活动形式：集体活动
重点领域：健康　语言　社会　√科学　艺术

续 表

活动目标	1.能够用多种物品制作个人名牌。 2.培养幼儿的动手操作能力及想象力。
活动准备	课件、个人名牌图片、石头、木棍等物品。
活动过程	1.导入部分 师：小朋友们，我们已经把花生种下去了，那么你们下次再来看花生，要如何快速地找到你们的花生呢？ （幼儿自主动手制作个人名牌，并把做好的名牌粘贴在雪糕棒上） 2.基本部分 （1）请幼儿自主观察自己的名牌状态。 （湿了、倒了、烂掉了） （2）请幼儿思考如何制作一个更加稳固，又不会烂、不会湿的名牌。 （幼儿想到可以用木头、瓶子、砖头、树枝当作材料） （3）对材料进行投票，分组寻找材料并用颜料装饰；再次插入个人名牌。
附（图、儿歌、故事等）	
活动延伸	可以多投放一些材料在美工区，让幼儿大胆创作自己的个人名牌。
温馨提示	提醒幼儿注意颜料的安全使用，避免弄到眼睛、嘴巴里。

有机肥和化学肥

活动形式：集体活动	
重点领域：健康　语言　社会　√科学　艺术	
活动目标	1.掌握制作有机肥的基本方法。 2.知道有机肥和化学肥对花生的好处。

续 表

活动准备	课件、水果皮、化学肥。
活动过程	1.导入部分 师：我们的花生叶子黄了，你们知道花生叶子为什么会黄吗？ （可能是营养不够了） 2.基本部分 （1）我们没有肥料怎么办呢？可以自己做吗？用什么做？ （可以用香蕉皮、鸡蛋壳或淘米水） （2）幼儿动手制作香蕉皮肥料。用剪刀把香蕉皮剪碎再加入红糖和水，放置2个月，就可以使用了。 （3）肥料怎么发黑了？还能用吗？ 观察对比发黑的肥料和没有发黑的肥料，让幼儿自主说出哪些是能用的。（发黑了的可能是没有密封好，导致氧化了） 3.知道有机肥和化学肥 引导幼儿知道有机肥和化学肥的含义。 有机肥：有机肥不仅可以为土壤补充丰富的养分，还可以改善土壤的物理性质。其缺点是肥效慢，必须发酵腐熟后才能用，自制不够方便卫生。 化学肥：化学肥是指用化学方法加工制成的肥料，它的优点是肥效快、养分含量高、清洁卫生；它的缺点是元素单一，肥效不持久，长期使用容易致使土壤板结，并减少土壤中的腐殖质。 4.施肥 分别用有机肥和化学肥给花生施肥，观察一段时间，看看花生的变化。
附（图、儿歌、故事等）	
活动延伸	让幼儿回家和爸爸妈妈一起讨论，还可以用哪些材料制作有机肥。
温馨提示	有机肥和化学肥的使用时间应该间隔7天，不能1周内多次施肥，否则会破坏土壤及花生的营养成分。

测量花生

活动形式：集体活动	
重点领域：健康　语言　社会　√科学　艺术	
活动目标	1.学习用工具进行测量，并能记录测量结果。 2.激发求知欲，培养探究精神。
活动准备	课件、直尺等测量工具。
活动过程	1.导入部分 师：小朋友们，我们的花生都长得很高了，那我们怎么才能知道它们到底有多高呢？ 幼：“可以用尺子量”“可以用玩具量”“可以用砖头量”“可以用树枝量”“可以用吸管量”…… 教师讲解尺子的使用方法。 2.基本部分 （1）请幼儿说一说自己的花生在早期和中期有什么不一样？ （高度变得不一样了，大小也变了） （2）请幼儿用自己的语言说一说自己的花生有多高。 3.花生比一比 幼儿可以和同伴比较谁的花生最高，高多少。 4.结束部分
附（图、儿歌、故事等）	

续 表

活动延伸	可以多进行一些测量游戏，如测量桌子、椅子的长、宽、高等，以巩固掌握测量方法。
温馨提示	在进行测量的时候，教师一定要讲清楚测量的方法。

花生长虫了

活动形式：区域活动	
重点领域：健康　语言　社会　√科学　艺术	
活动目标	1.了解花生叶上的虫子。 2.乐于大胆讲述自己的发现，并通过仔细观察辨别不同的虫子。
活动准备	课件。
活动过程	1.导入部分 师：小朋友们，你们看，花生的叶子上有很多洞洞，这是怎么回事呢？ （幼儿自主讨论，观察并发现花生叶子上的虫子） 2.基本部分 （1）教师出示几种常见的花生虫子的课件。 甜菜夜蛾：小小的，身体是绿色的、软软的。 棉铃虫：有小小的毛，身上有点点、长长的。 银纹夜蛾：头部是绿色的，两侧有黑斑，背部有6条白色纵线。 花生蓟马：身体如针一样细小，短短的，黑黑的。 （2）请幼儿仔细观察这些虫子，并用自己的语言描述其特点。 3.捉虫大行动 幼儿自主讨论可以用什么工具去捉虫子。 （1）捉虫比赛。 （2）虫子分类。 请幼儿说一说谁捉的虫最多，并且可以把捉来的虫进行分类。 4.结束部分 回到家还可以和爸爸妈妈讨论，花生叶上还有没有其他的虫子。

续表

附（图、儿歌、故事等）	
活动延伸	在语言区里，可以多投放一些关于花生的绘本，让幼儿更好地进行探索。
温馨提示	捉虫的时候要提醒幼儿注意做好保护措施。

花生叶大不同

活动形式：集体活动	
重点领域：健康　语言　√社会　科学　艺术	
活动目标	1.发现并比较花生叶子和其他植物叶子的区别，能够说出花生叶子的特征。 2.感受叶子的多样性和奇特性，培养细致的观察力和热爱大自然的情感。
活动准备	花生叶及其他植物的叶子、画纸、彩笔、复写板等。
活动过程	1.导入部分 师：大家来相互说一说，你观察了什么叶子，它是什么样的。 2.基本部分 比较花生叶子和其他叶子的区别，能够说出花生叶子的特征。 师：这些叶子一样吗？有什么不同？ 教师引导幼儿观察，说出不同植物叶子的不同之处。 教师小结：不同植物叶子的颜色、形状、大小、叶脉、边缘都不一样。 师：叶子有共同的特征吗？ 教师小结：每片叶子都有叶肉、叶脉和叶柄。 3.画叶子 师：把你观察的叶子画下来，再进行比较。 请幼儿讲述比较情况，如花生的叶子比丝瓜的叶子要小，也比柠檬的叶子小。 4.结束部分 大自然是个神奇的大宝库，有许许多多的奥秘等着我们去探索、发现。

续 表

附（图、儿歌、故事等）	
活动延伸	让幼儿收集不同的树叶，积累有关叶子的经验。
温馨提示	幼儿在绘画的时候，教师要注意观察指导。

成熟的花生

活动形式：集体活动	
重点领域：健康 √语言 社会 科学 艺术	
活动目标	1.感知花生成熟的特征。 2.学习用语言表达自己的感受和发现。
活动准备	花生成熟了的视频。
活动过程	1.导入部分 师：老师今天给你们准备了一份礼物，你们看一看，这是什么？（花生）花生长在哪里？（土里） 2.基础部分 （1）了解花生的生长过程。 师：我们来看一看到底花生变成什么样才算成熟了呢？ 小结：当花生叶片和茎秆发黄，并且叶片开始脱落，再根据种植时间和花生发育周期，综合判断花生的最佳收获期。 （2）花生什么时候可以收获？ ① 看长势。 重点看花生的长势，从植株整体上看，叶片的颜色变淡，茎秆变成黄绿色，植株下部的叶片已脱落，中部的叶片大量脱落，此时是花生的最佳收获时间。 ② 看荚果。 拔出几株花生，查看花生荚果，若外壳硬化，表面纹路明显，则可收获。

续 表

活动过程	③ 看果仁。 剥开花生果，观察里面的果仁，当出现颗粒饱满、皮薄、光润，果仁的颜色为该品种（品种不同，颜色会有差别）固有的颜色时，即可收获。 ④ 结合种植时间和花生生育期。 春播花生的生育期一般在125～130天，夏播花生的生育期一般在105～110天。 师：那我们的花生可以采摘了吗？为什么？ 幼：不可以，还没有长出花生来，而且叶子还没有变黄。 3.结束部分 小朋友们，让我们一起等待花生成熟，再一起采摘吧！
附（图、儿歌、故事等）	
活动延伸	可以在区域内投放一些花生壳，让幼儿制作创意花生壳作品。
温馨提示	在观察花生是否成熟的时候，教师要适时指导幼儿，以免幼儿把还未成熟的花生拔掉。

花生长“针”了

活动形式：集体活动	
重点领域：健康　语言　社会　√科学　艺术	
活动目标	1.引导幼儿知道果针的作用。 2.培养幼儿探究事物的好奇心。
活动准备	花生长“针”的视频。
活动过程	1.导入部分 师：小朋友们，上次我们观察花生，发现它长出一个个长长的针，你们知道这是什么吗？ 幼：是果针，可以结花生的。

续 表

活动过程	师：小朋友们回答得很棒，那果针长出来了，我们需要怎么做呢？ 2.基础部分 师：小朋友们，当花生长出果针时，我们要把果针压下去，让它更好地扎在泥土里，这样才会结更多的花生。如果没有在合适的时期进行干预，花生就结不出果来。 幼儿自主操作压果针，教师巡回指导，注意提醒幼儿不要弄到花生的根部，把根部压断会使花生死掉。 3.结束部分 小朋友们，今天我们进行了压果针，我们一起等待收获的时刻吧！
附（图、儿歌、故事等）	
活动延伸	可以放一些花生果针的图片，让幼儿在区域进一步观察与创作。
温馨提示	提醒幼儿压果针时要注意力度，以免把花生苗压坏。

比一比

活动形式：集体活动	
重点领域：健康　语言　社会　√科学　艺术	
活动目标	1.学习用数字、符号记录花生的数量。 2.通过观察、游戏等让幼儿感知物体的数量。
活动准备	每人1盘花生果，每人1支铅笔、2个空盘子、记录表格。
活动过程	1.导入部分 师：老师今天给你们带来了一样东西，你们看，这是什么？（花生） 师：（出示剥开的花生让小朋友观察）小朋友们，你们想不想和花生做朋友呢？ 生：想。

续 表

活动过程	2.基本部分 （1）剥花生。 师：小朋友们都知道花生宝宝住在一个花生屋子里，你们想不想知道你们的花生屋子里住了几个花生宝宝？ 生：想。 师：那么我们现在来数数我们的花生屋里住着几个花生宝宝。（在数的时候要求小朋友剥开一个花生屋子后一个一个仔细数，然后记录在记录表上，再取第二个花生屋子，依此类推） 教师出示教具——记录表，幼儿仔细观察。 师：小朋友们仔细看看，这张表上面都有什么？它们都表示什么？（花生宝宝、花生仁，还有花生屋子） 师：这张表里有花生屋子、花生宝宝，还有数字1～10（数字表示有1～10间屋子）。 （2）小朋友们可以怎样记录呢？是剥完一起记录还是剥一个记录一次？（剥一个记录一次） （3）小朋友们在剥花生时教师还要有几点要求： ①安静操作，认真数清楚。 ②每剥一个就记录一次。 （4）幼儿进行操作，教师巡回观察指导。 幼儿取一个花生果剥开，数数里面有几个花生宝宝，并记录在记录卡内。 （5）请幼儿说说自己记录的数字表示什么意思。 教师小结： 花生生长在泥土里，喜欢温度较高的地方，它有硬硬的壳，剥开后里面是花生仁。花生的用途可多了，它可以用来煮饭、做菜，做花生酱、花生牛奶、花生糖果，还可以榨花生油。另外它硬硬的壳也可以做手工。 3.结束部分 小朋友们知道花生壳可以用来做手工，那我们现在就用花生壳做个漂亮的毛毛虫吧！
附（图、儿歌、故事等）	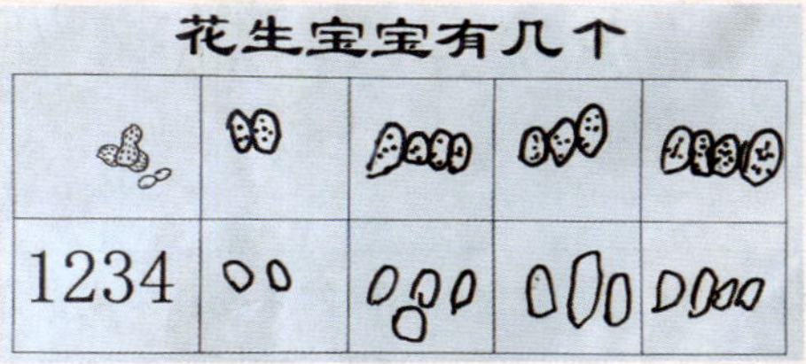
活动延伸	在益智区里投放花生，让幼儿与同伴比较花生的多少。
温馨提示	幼儿在进行记录时，教师要根据不同幼儿的能力进行分层指导。

花生壳粘贴画

活动形式：集体活动	
重点领域：健康　语言　社会　科学　√艺术	
活动目标	1.观察花生的外形特征，大胆想象，制作新的造型。 2.利用花生壳等材料进行组合，制作装饰画。
活动准备	PPT课件、图片、音乐、花生、双面胶、颜料笔、颜料、水彩笔
活动过程	1.导入部分 （1）展示图片，引导幼儿观察图片，看看画中有什么，它是用什么做的。 （2）教师：花生壳真神奇，能做出这么好看的作品！下面我们一起动手，把自己手中的花生壳也做成一幅美丽的画作吧！ 2.教师示范，讲解步骤 （1）幼儿将老师发的花生剥开，注意剥花生的时候不要将花生壳压碎，要尽量保持花生壳完整。 （2）幼儿在画纸上先画出小鸡的脚，再把双面胶粘在小鸡的脚上方，用花生壳做小鸡的身体，粘在脚上方；然后画出小鸡的眼睛、嘴巴，画上装饰物，如小草、虫子、白云、太阳等；最后用彩笔给小鸡“穿上”漂亮的衣服。 3.幼儿作品展示 教师：小朋友们的画都完成了，下面我请几个小朋友上前介绍一下自己的作品，给我们讲一讲你画中的小故事。 4.结束部分 略。
附（图、儿歌、故事等）	  
活动延伸	在美工区为幼儿提供大量不同的果壳和果皮，如瓜子壳、橘子皮、开心果壳等，引导幼儿利用这些果皮和果壳组合、拼贴。
温馨提示	在进行花生壳粘贴画的时候，教师要巡回指导，避免幼儿把胶水弄到眼睛里。

花生叶的奇思妙想

<table>
<tr><td colspan="2">活动形式：集体活动</td></tr>
<tr><td colspan="2">重点领域：健康　语言　社会　科学　√艺术</td></tr>
<tr><td>活动目标</td><td>1.根据花生叶原有的形状，进行组合创作。
2.发展剪、贴、添画的美工技能。</td></tr>
<tr><td>活动准备</td><td>叶子、剪刀、胶水、双面胶、画纸、粘贴画范例（小金鱼、小乌龟），音乐。</td></tr>
<tr><td>活动过程</td><td>1.导入部分：观察花生叶
师：小朋友们，花生已经被我们采摘了，花生的叶子我们可以用来做什么呢?
2.出示范画
师：花生叶真神奇，通过加一些笔画或者用多张叶子拼贴，就可以让它实现完美变身了。
（1）出示范画。
师：花生叶除了可以拼贴成小鸟和小乌龟，还可以拼成什么?（让幼儿发挥想象，积极回答）
（2）教师现场创作一幅拼贴画。
师：这么漂亮的花生叶子，小朋友们想把它们做成什么样呢?
3.制作创意画
师：老师的花生叶拼贴画做完了，你想不想也来做一幅花生创意画?
要求：在创作拼贴画前，我们要先想好拼什么，然后进行创作哟!
（1）在幼儿开始创作时，老师在黑板上出示多种不一样的花生叶创意画，以引导幼儿发挥想象。
（2）请幼儿跟同伴说说自己拼摆的是什么，是怎么做的；让幼儿相互启发更好的创意。
4.让幼儿粘贴，制作作品。
请幼儿适当调整或重新组合作品，粘贴、添画，美化自己的作品。注意用剪刀时要注意安全，胶水涂抹在叶子的反面，并涂抹均匀；树叶要轻压，防止碎裂。
5.欣赏作品
将幼儿的作品一一放在白板上，让幼儿互相评价欣赏粘贴画作品，获得美感与经验。同时，让完成作品的幼儿帮助没有完成作品的幼儿，体现合作的精神。</td></tr>
</table>

续 表

附（图、儿歌、故事等）	
活动延伸	在美工区添加一些其他叶子让幼儿进行创作。
温馨提示	在幼儿创作时，教师可以多给幼儿一些参考图，激发幼儿的创作灵感。

七、区域材料投放表

区域名称	区域布置与活动参考
建构区	在建构区投放一些花生壳、纸盒、七巧板等材料，让幼儿用这些材料进行创造。
益智区	1.投放“花生生长观察记录表”，引导幼儿观察花生的生长过程。 2.投放放大镜，方便幼儿更好地观察花生的生长过程。
美工区	1.笔类：水彩、油画棒、马克笔、勾线笔。 2.拓印类：牙刷、海绵蘑菇头、花生叶子。 3.其他材料：装饰材料、胶水、彩泥、画纸。
语言阅读区	1.剪刀、透明胶、画笔、订书机等用于修补图书的工具、材料，让幼儿学习自己修补图书。 2.投放相关绘本，如《我要种花生》《花生仁奇遇记》《花生你从哪里来》。 3.与幼儿一起制作花生的生长过程图。

八、活动实录

活动一：我要种花生

在种花生之前，我们讨论了花生可以怎么种。有说水培的，有说土培的，于是我们分成了两组进行花生种植（水培花生种植、土培花生种植）。

种植过程如下：

幼儿们为自己的花生制作了个人名牌，准备工作就绪，可以播种啦！幼儿们学习了播种的方法（应该把花生尖尖的那头放在上面），芯芯说：“因花生是尖尖那头发芽的，如果把它放在下面就发不了芽了。”

幼儿们小心翼翼地捧着种子来到花生地，一起翻土、播种，忙得不亦乐乎……

活动二：花生叶大不同

这天，幼儿们在去种植园观察自己种的花生的时候，发现自己的花生长出了许多片叶子，并且有的多有的少。

愿愿说：“老师，我发现我的花生的叶子绿油油的，就像一艘艘绿色的小船。”

琪琪说：“老师，愿愿的叶子好像要比我的多呀！”

琪琪说：“我数了我的花生叶，有8片，她的有16片呢！”

愿愿说：“她的比我的要少，并且比我的叶子少8片。”

幼儿们一起讨论制作一个记录表，然后分组记录花生的叶子数量，再来分享谁的多，谁的少。

通过制作记录表，幼儿能够更好地通过数数比较两组物体之间的多少，能够手口一致地点数花生叶，并通过实际操作理解数与数之间的关系，如“8比16少8”，增强幼儿的逻辑思维能力及反应能力。

活动三：测量花生

幼儿们在养护自己花生的过程中，发现自己的花生宝宝长高了，教师问道：“我们可以用什么样的方法去测量花生植株的高度呢？”幼儿们想到了用直尺、筷子、木棍、书本、吸管、砖头来给花生宝宝测量“身高”。在快成熟时，幼儿再次测量高度，并用相应的词语进行描述。

睿睿：“老师，刚开始我的花生只有

1根筷子这么高，现在我的花生有3根筷子这么高了。”

琪琪：“一开始我的花生用直尺测量是9厘米，现在我需要用一把更长的直尺来测量我的花生。”

凯凯：“我找到了一把长长的直尺，再次测量，发现花生的高度已经达到了30厘米了。”

芯芯：“老师，我的花生在还是宝宝的时候，只有1本书这么高，现在有3本书那么高了。”

教师把问题抛给幼儿，给幼儿提供丰富的材料和适宜的工具，支持幼儿在游戏的过程中探索植物的生长变化，并自己描述出来。我惊奇地发现幼儿的语言表达能力及观察能力都有了明显的提高。

活动四：花生长虫了

随着花生慢慢长大，幼儿又发现了新的问题，花生叶上有很多的洞洞。教师让幼儿自主探索：为什么花生叶有那么多洞洞？是谁伤害了它？我们应该怎么办呢？一系列的问题激发了幼儿的好奇心与探究欲望。

浩浩说：“老师，花生叶子有洞洞是因为没有肥料。”

嘉明说：“老师，我看到了一只虫子在吃花生的叶子。”

星星说：“老师，我们把虫子捉住不就好了吗？”

我说：“是个好办法，那你可以用什么样的方法去捉虫呢？”

这个问题一出，仿佛打开了幼儿们的话匣子，他们争先恐后地发言。

琪琪说：“可以直接把它捉到瓶子里。”

明明说：“可以用一块糖，把它引过来，它在吃糖的时候，我们用个夹子把它抓住就好啦。”

愿愿说：“我们可以喷杀虫药啊。”

佳毅非常自信地说道：“我们可以直接用手捉啊，这样不是更快嘛。”

幼儿们的想法实在是太有趣了，于是我们展开了一场“捉虫大行动”。我说：“你们先想好要用什么捉，我们分组行动。”孩子们分好组，分别有徒手捉虫队、糖糖捉虫队、牙签捉虫队。

轩轩说："老师，我捉了两条虫子啦。"

琪琪说："老师，我用牙签也捉到虫了呢，它还是绿色的，身上毛茸茸的。"

欣欣说："老师，我发现了还有一种好小的虫呀，它太小了，我都捉不到它。我直接把瓶子放在这里，看它会不会爬进来。"

最终，幼儿们都捉到了虫，并且进行了分类。教师带领幼儿了解了这些虫的名字，有蓟马、稀点雪灯蛾、棉铃虫、卷叶蛾。老师带领幼儿用香蕉皮加红糖制作了有机肥料，发酵一个月就可以给花生施肥了。

九、学习与发展

《指南》中指出：亲近自然，喜欢探究，在探究中认识周围事物和现象。小小的花生，奇妙的思想，在我们最熟悉的事物中，可以挖掘出很多有趣的教学内容。生活是最大的课堂，幼儿通过直接感知、实际操作和亲身体验获取经验，通过看一看、摸一摸、闻一闻、剥一剥、吃一吃、种一种，初步认识花生。在等待小花生发芽的过程中，幼儿们获得了连续性的观察体验，通过和小伙伴探索、分享，他们的表达变得更流畅，更有条理，提升了发现问题、解决问题的能力，学会了主动观察、独立思考。在本次课程中，幼儿们在科学、社会、艺术等领域都得到了不同程度的发展，在课程实施中以幼儿的直接经验为学习基础，让幼儿在敢于探索和尝试中养成良好的学习品质。一粒小小的花生，使幼儿们在幼儿园的生活更愉快，更充实，更丰富，让幼儿们在艺术活动中提高了想象力与创造力，拓宽了幼儿们的视野。课程源于生活，源自幼儿的兴趣。探究式学习，最突出的特征之一就是真实性，关注幼儿的真实世界，解决在生活中真实的问题，它能促使幼儿发展批判性的思维方式，锻炼幼儿沟通表达、团结协作的能力。

十、总结与评价

总结：

本次劳动课程以花生为题，源于幼儿的探究兴趣，引发幼儿的无限想象，并产生一系列的问题。在活动中，幼儿一直保持着高度的热情和兴趣，积极主动参与各项活动，通过看、听、做、尝，多种感官参与其中，在亲身实践和探究中，自然而然地获得关于花生种植的认知经验，在劳动中收获深刻的生活经验，这就是自然教育的重要意义。

评价：

序号	评价	内容
1	程馨慧教师的反思	在课程实施的过程中，我和幼儿一起快乐体验，不断收获。幼儿的创造力和表现力得到很大的激发，我也收获颇多。 首先，要追随幼儿兴趣，做观察者、引导者、支持者。 种植课程的所有信息不是灌输的，而是幼儿经过体验和探索获取的。采摘花生活动源于幼儿的观察发现，教师追随幼儿的兴趣，观察和记录幼儿在活动中的表现，引导幼儿思考，不断推进活动，强调在观察中学习、在体验中学习，从而促进幼儿各方面能力的发展。 其次，适时适度引导，发挥幼儿的自主性。 活动中要始终尊重幼儿的想法，处理好课程中生成与预设的关系。本次活动从整体来看是有计划性的，但还有很多是根据幼儿在活动中的发现随机生成的，如“花生长‘针’了”。根据幼儿的兴趣开展相应的活动，既满足了幼儿的兴趣，又丰富了幼儿的经验。当幼儿提出猜想时教师进行记录，不断助推幼儿，鼓励幼儿集体讨论思考，在尝试中解决问题，使幼儿和教师在课程资源开发中共同成长。

续 表

序号	评价	内容
2	尹思梦园长评价	在整个种植主题活动中，教师始终从课程视角深耕慢作，融合，通过种、探、绘、收、做、品等多种方式，为幼儿提供更加充分的学习探索机会，让幼儿在与丰富的资源互动中获得全面、多元的发展。在每个教师的分享中，幼儿们参与种植管理、专注探究、勇于实践、合作分享、感恩成长等画面一一呈现在大家面前，教师也要以课程激发幼儿的好奇心和探究欲，提高幼儿的参与度，支持幼儿的自主选择，让幼儿成为种植活动的主体。希望通过这次活动，教师能从幼儿的视角开展课程，努力探索和实现种植课程的真正价值，让有趣的、吸引孩子的课程“自然生长”。
3	家长评价	从播下种子，到浇水施肥，再到收获果实，幼儿全程参与，从实践中懂得了有付出就会有收获。这次的课程很有意义，让幼儿感受到了劳作的辛苦、丰收的喜悦；真切地明白了“锄禾日当午”“粒粒皆辛苦”；在成长的路上增进了对大自然的了解。孩子们的幼儿园生活更加丰富多彩，这种种植活动的收获与体验真是太棒了。

十一、主题环境创设

1. 收集各种花生，放在区角里，让幼儿去认识不同种类的花生，对不同花生的种子进行观察、比较、记录。

2. 在主题墙上展示幼儿认识花生—探花生—采花生—品花生—画花生以及期间发现问题—解决问题—收成的全部过程。

3. 在班级的主题墙上粘贴幼儿观察记录的花生的生长过程。

4. 幼儿在美工区用拓印、画画等方式创作，教师将作品粘贴在主题墙及班级各个角落，为幼儿创设参与性的环境。

5. 幼儿在家里和家长共同完成亲子活动“美味的花生”“花生牛奶”，品尝不同做法的花生食物，并回园跟同伴分享。

6. 在阅读区，投放《我要种花生》《花生仁奇遇记》《花生你从哪里来》等有关花生的绘本。

鸡蛋的美味之旅

单 位 名 称：东莞市南城篁村幼儿园
活动设计实施：吴迎未
活动实施时间：2023年2月—2023年6月
活动实施班级：大班

一、活动名称

本次活动的名称为“鸡蛋的美味之旅”。

二、活动由来

《纲要》指出，课程要贴近幼儿的生活，选择幼儿感兴趣的事物和问题，有助于拓宽幼儿的经验和视野。鸡蛋是孩子非常熟悉的食物，含有丰富的蛋白质，有着较高的营养成分，可以做成许多好吃又营养的美食。在生活中，大班幼儿对鸡蛋有一定的认知和理解，能经常见到、吃到鸡蛋制作的食物并十分喜爱。为了深层次地激发幼儿对鸡蛋的探究欲望，根据大班幼儿的年龄特点以及幼儿园正在开展的课题“幼儿园劳动教育背景下烹饪课程的实践研究”，我们设计并开展了“鸡蛋的美味之旅”相关主题活动，把让幼儿认识常见的鸡蛋类食物、了解鸡蛋的营养价值、制作美味的鸡蛋美食作为活动重点，丰富幼儿对于鸡蛋类美食的认知，使其掌握相关的烹饪技能，增强动手操作能力，激发劳动素养，并让幼儿在烹饪过程中感受本土饮食文化，树立感恩意识。

三、活动目标

（1）初步培养幼儿探究学习的意识，使幼儿能用各种感官探索发现鸡蛋的食用价值，积极主动地了解蛋制品相关知识；通过交流、谈话等形式表达自己的发现与见解。

（2）幼儿愿意大胆尝试学习制作鸡蛋类美食，在烹饪过程中掌握切、打鸡蛋、搅拌、翻、煮、煎等烹饪技能，锻炼手部精细动作；培养幼儿的观察能力、动手操作能力、探索能力、语言表达能力、团队协作能力及创造能力。

（3）通过活动让幼儿感受本土饮食文化，体验自己动手制作美食的快乐；激发幼儿的烹饪兴趣，培养其劳动素养及感恩意识。

四、活动网络图

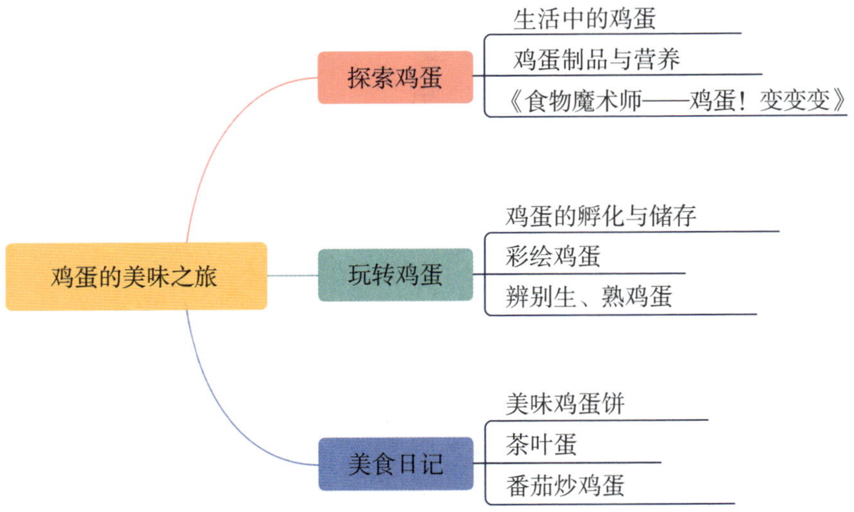

五、活动一览表

活动名称	集体活动	区域活动	亲子活动	社区活动
生活中的鸡蛋	√			
鸡蛋制品与营养	√			
《食物魔术师——鸡蛋！变变变》	√			
鸡蛋的孵化与储存	√			
彩绘鸡蛋		√		
辨别生、熟鸡蛋		√		
美味鸡蛋饼		√		
茶叶蛋			√	
番茄炒鸡蛋			√	

六、主题活动设计

美味鸡蛋饼

<table>
<tr><td colspan="2">活动形式：区域活动</td></tr>
<tr><td colspan="2">重点领域：√健康　语言　社会　科学　艺术</td></tr>
<tr><td>活动目标</td><td>1.知道鸡蛋饼的营养价值，学习制作鸡蛋饼的过程与方法。
2.掌握切、打鸡蛋、搅拌、翻、煮、煎等烹饪技能，锻炼手部精细动作。
3.愿意大胆尝试，体验自己动手制作美食的快乐，激发烹饪兴趣。</td></tr>
<tr><td>活动准备</td><td>食材：生鸡蛋、生粉、食用油、盐、葱、火腿一包（每桌一根）、牛奶。
厨具：早餐机。
用具：幼儿围裙、口罩、一次性桌布、一次性碗、月饼刀（塑料）、菜板、蛋糕叉、小碗、勺子、筷子、碟子、油刷。</td></tr>
<tr><td>活动过程</td><td>一、导入部分
师：小朋友们，我们了解了鸡蛋的相关知识，认识了鸡蛋做的许多美食，你们还记得鸡蛋可以制作成哪些不同的美食吗？（幼儿自由回答）</td></tr>
</table>

续 表

活动过程	二、基本部分 1.出示PPT及视频，展示制作营养早餐——鸡蛋饼所需的材料，结合PPT与操作材料，向幼儿逐个介绍，让他们认识食材。 师：今天老师要教你们做美味的鸡蛋饼，我们一起来看看需要些什么工具和材料吧！ 2.播放鸡蛋饼制作流程视频，看完视频后向幼儿提问。 熟悉操作流程：第一步，切葱、火腿。第二步，打鸡蛋，加面粉、牛奶、盐搅拌均匀。第三步，早餐机刷油，倒入鸡蛋液。 明确要求：两个幼儿一份材料，分工合作制作。 注意：烹饪过程中注意安全卫生，保持手的清洁，提醒幼儿注意用刀、用锅安全，以防切伤、烫伤。 3.幼儿操作。 （1）让幼儿分工合作，两人为一组。一人负责切，一人负责搅拌。 （2）幼儿操作，教师巡回指导，做好鸡蛋液的幼儿排队倒入锅中，由教师辅助翻面。 三、美食分享、交流评价 幼儿品尝自己的美味鸡蛋饼，并与他人分享。 师：小朋友们，你们做的鸡蛋饼好吃吗？你在制作过程中遇到的问题有哪些？下一次做的时候应该注意些什么？ 小结：鸡蛋的营养价值很高，我们今天学会了做美味的鸡蛋饼，回到家中也可以尝试着做给爸爸妈妈吃。
附（图、儿歌、故事等）	  
活动延伸	请幼儿周末和爸爸妈妈一起制作鸡蛋饼。
温馨提示	幼儿在制作鸡蛋饼的过程中，教师可以循环播放鸡蛋饼的制作过程。

七、区域材料投放表

区域名称	主题相关区域的材料投放与活动参考
阅读区	1.投放与鸡蛋相关的绘本与烹饪书籍，如《多嘴的荷包蛋》《最奇妙的蛋》《食物魔法师——鸡蛋！变变变》《鸡蛋哥哥》。 2.投放幼儿相关调查表、记录表，如“鸡蛋的故事调查表”“我制作的鸡蛋美食记录表”等，供孩子翻看查阅。
角色区（烹饪小厨房）	根据每月烹饪活动计划投放相关的工具及食材，如早餐机、生鸡蛋、食用油、盐、幼儿围裙、口罩、碗勺、碟子等，供幼儿开展活动，让幼儿体验制作鸡蛋类美食的乐趣。
科学区	1.张贴鸡蛋的孵化、储存等相关知识海报，供幼儿学习了解。 2.投放“辨别生熟鸡蛋记录表”，引导幼儿根据方法进行操作辨别并记录。
美工区	1.投放笔、颜料、装饰、轻黏土等美工材料。 2.投放塑胶鸡蛋模型，供幼儿彩绘创作。
益智区	投放相关益智类玩具，如“数鸡蛋”“鸡蛋棋”“小鸡下蛋大比拼”等，供幼儿自主操作游戏。

八、活动实录（课程故事）

活动一：美味鸡蛋饼

1. 课程起源

课程起源于一天的绘本课《食物魔法师——鸡蛋！变变变》，在绘本里幼儿了解了很多用鸡蛋制作的美味食物，如茶叶蛋、蛋挞、蛋糕、番茄炒蛋、胡萝卜鸡蛋饼等。在活动中，教师提问：“小朋友们，了解了这么多的用鸡蛋制作的食物，你最爱吃哪一种呀？”幼儿们纷纷举手回答自己最爱吃的食物。

铭恒：“老师，我还没有吃过胡萝卜鸡蛋饼呢，好吃吗？”

嘉怡：“我也没吃过，它是什么味道的呀？”

洋毅：“我妈妈给我做过一次早餐，超级美味。”

玥玥：“我也好想尝一尝，老师你能教我们做鸡蛋饼吗？”

教师及时关注到幼儿的讨论，于是和幼儿一起确定了本周的烹饪小厨房开设“美味鸡蛋饼”的烹饪活动。

2. 课程实施

确定了主题后，教师经过亲自烹煮实践、制作烹煮鸡蛋饼教程的PPT和视频，引导幼儿一起学习观看。观看后幼儿纷纷发表了想法。

钰桐：“原来做鸡蛋饼需要这么多工具呀，我们的小厨房里没有早餐机，怎么办？”

天佑：“我家有，我明天带过来。”

在对鸡蛋饼的制作有了一定的了解后，教师和幼儿一起准备了相关工具、食材等。就这样，幼儿们开动啦。在制作过程中，热闹的小厨房里充满了幼儿们喜悦、兴奋的声音，幼儿们的表现让教师很惊喜。

乐怡一边切葱一边说：“我奶奶做的时候还放了葱花，我也要切一点儿葱花放进去。”

宇轩一边熟练地打着鸡蛋，一边指导旁边的家耀：“看，要先敲一下，然后正对着碗掰开，蛋清蛋黄就会流到碗里啦。”

蔚凌：“嘉茵，你来加面粉，我来搅拌吧！”

鸡蛋液经过幼儿的加工，已经变成了面糊状态。经过教师的指导，幼儿们加入少许盐和牛奶，面糊感觉更完美了呢！幼儿们把做好的鸡蛋糊放进早餐机里进行烘煮，不一会儿，小厨房里弥漫了浓浓的蛋香。幼儿们成功了，他们把做好的鸡蛋饼盛到碟子里，迫不及待地品尝自己的劳动成果。

沛文：“老师，这是我第一次做鸡蛋饼，它好像不是很圆！”

俊宇：“看起来好好吃啊！”

沛文：“我也觉得肯定很好吃。”

家宜：“我们一起品尝一下吧！”

童童：“这么美味的鸡蛋饼，我可以带回去给妈妈尝一尝吗？”

3. 总结反思

通过本次“美味鸡蛋饼”活动的开展，幼儿们对于用鸡蛋制作的美食的探索越来越感兴趣，对于鸡蛋的多样性也了解得更多。幼儿们不仅掌握了做鸡蛋饼的步骤，而且提高了烹饪技能，动手操作能力明显提高，团队协作能力也不断提高。同时，他们从细节之处养成了良好的烹饪习惯，体验到了劳动的价值和成就感，获得了自信和成长。但本次活动也存在些许不足，需要在下一次活动中不断完善。

（1）在整个活动开展过程中，教师要本着“以幼儿发展为本”的理念，对在活动中幼儿的洞察能力、应变能力、思考能力加以关注，及时回应幼儿的问题。

（2）我们还应该思考教师如何在活动中进行合理指导。经过本次活动，教师应进一步加强对《纲要》和《指南》的认识，把里面的观念融合到活动中来。

4. 课程评价

活动中教师更关注的是幼儿的参与过程，其实鸡蛋饼做得美味与否并不重要，重要的是在这个过程中我们看到了幼儿敢于尝试、一直坚持、积极主动、认真专注、懂得合作、敢于探究的学习品质。活动结束后，幼儿对鸡蛋的探索欲望越来越强，烹饪兴趣逐渐增强，我们期待着更多鸡蛋类美食在幼儿手中展现。我将继续与幼儿一同成长！

活动二：番茄炒鸡蛋

1. 课程起源

一次午餐中，一道幼儿们最爱吃的家常菜“番茄炒鸡蛋”，引发了许多讨论。

梓豪：“我最喜欢吃番茄炒鸡蛋了，酸酸甜甜的真好吃！”

乐辰：“我也爱吃，为什么幼儿园的和家里妈妈炒出来的味道不一样？”

师：“可能是炒的方法不同？顺序不同？”

乐怡：“我爸爸炒的时候，先炒了番茄，但妈妈炒的时候先炒了鸡蛋。”

师：“其实简单的一道番茄炒鸡蛋，每个人的方法不一样，味道也有差别。”

小朋友们：“咱们能不能也炒一次？”

师：“当然可以！”

于是，一次“番茄炒鸡蛋”的真实情景体验活动就这样开始了。

2. 课程实施

烹饪活动开始啦！

师："番茄是一种含丰富维生素的蔬菜，既能生吃，又能煮熟吃。鸡蛋富含丰富的营养，这两种食材的结合一定会很美味。"

幼儿："里面一粒一粒的是番茄的种子吗？"

师："是的，番茄里有多个子房，子房里就是番茄的种子。"

在教师的引导下，幼儿们把番茄洗干净，沥干水，拿上碟子和一把小刀，跃跃欲试。出于安全考虑，我们准备了安全的陶瓷刀。教师示范了切的方法，并提醒大家注意安全。

于是，幼儿们开始自由地摸一摸，闻一闻，切一切。

"啊，我的刀被番茄卡住了。"

"你的左手要放在刀背后面，右手用力切下去，这样就能把番茄切开啦！"幼儿们越切越快，兴趣非常浓，做事的能力也有了提高。看到幼儿们的表现，教师的担忧逐渐变成了欣赏和惊叹。

在打鸡蛋时，幼儿们因为有了之前的经验，很熟练地就能把鸡蛋敲开，让里面的蛋液顺利地流入碗里。打鸡蛋给了幼儿们不一样的感受，它和剥熟鸡蛋不同，打开生鸡蛋不仅需要掌握一定的力度，而且需要注意动作和方法，尽管过程中会出现种种小意外，但是每次将鸡蛋敲开，总能听到幼儿们的欢呼声。

在分享"番茄炒鸡蛋"的烹制方法时，班里出现了两种不同的观点，先炒番茄还是先炒鸡蛋？两种观点僵持不下，最后教师提议两种方法都试一试，再对比一下哪种方法做出来的番茄炒鸡蛋味道更好。

开始上锅炒啦！第一组先炒番茄，再炒鸡蛋，最后拌在一起翻炒。第二组则是先炒好鸡蛋，再炒番茄，最后再加鸡蛋进去翻炒。吃起来都很美味！这两盘番茄炒鸡蛋尽管用了两种不同的方法来烹制，但都受到了大家的喜爱。

"我们的番茄炒鸡蛋做好了，好香呀！""我们成功了！""我们太厉害了，我们是小厨师！"大家不禁欢呼起来。

3. 总结

“番茄炒鸡蛋”不仅是一道能吃到、能闻到、能看到、色香味俱全的家常菜，还是幼儿和教师在烟火气息里对生活趣味的体验，是一种朴实无华的生活态度的再现。于我们而言，“番茄炒鸡蛋”不仅是味道本身，而且是一种情感和记忆的生发载体。虽然从食材准备到烹制完成的过程中有些手忙脚乱和不知所措，但最终欣喜与感动占据了幼儿们幼小的心灵。我们并不期望幼儿们能记住这道菜的烹制技巧，而是希望他们能够充分感受和体会制作这道菜带来的快乐！

4. 课程评价

我们选择了让幼儿尝试、体验，因为我们坚信在真实的情境中幼儿更容易获得直接的感受，得到真实的体验，解决真实的问题远比保护更有效。“生活即教育，体验促成长。”本次活动，不仅让幼儿学会了如何制作番茄炒鸡蛋这一美味佳肴，而且激发了幼儿发自内心热爱生活的情感，使其树立自理、自立的生活态度。同时，让幼儿学会了分享，明白了一切食物来之不易，懂得了要珍惜粮食，也体验了劳动的快乐。

九、学习与发展

小小的鸡蛋，多样的美味。鸡蛋是我们生活中常见的食物，也是幼儿们常吃的食物。从鸡蛋引入，幼儿不仅可以获得有关鸡蛋的信息和知识，也可以分享鸡蛋的实用价值。幼儿们在“鸡蛋的美味之旅”这一主题活动中，调动生活中的已有经验，开启自主学习的奇妙探索，在已有经验的基础上更深层次地认识、了解了鸡蛋，进行了与鸡蛋有关的语言活动、科学活动、美工创意活动及烹饪实践活动，特别是在烹饪鸡蛋美食的过程中，幼儿们获得的体验非常有价值与意义。

在幼儿园烹饪小厨房的实践中，制作鸡蛋美食的活动让幼儿们置身于真实的生活情境，让他们走进生活，去感受食物背后的情感和温度，去追寻生活的本真。烹饪活动过程蕴含着丰富的教育契机，幼儿们在烹饪过程中获得生活所需的技能，呈现出朴实的生活态度和热爱生活的心。

幼儿们研究食材，清洗食材，洗洗刷刷，摆弄餐具，亲自烹制，共同完成菜品，如鸡蛋饼、番茄炒鸡蛋。这既是给予幼儿们从食材到美食的直观经验，又是对劳作之美的升华——这里面隐含着的正是我们对美好生活的向往和期待。

十、总结与反思

总结：

我国著名教育家陶行知先生曾提出：生活就是教育。所有的生活都可以是课程，所有的课程皆是生活。接地气的教育让幼儿乐在其中，通过本次“鸡蛋的美味之旅”主题活动，幼儿对鸡蛋美食的制作过程有了一定的了解，提高了动手能力，体验了制作的快乐，增加了对食物的喜爱。置身生活的教育让幼儿更热爱生活，激发了幼儿为了美好生活而努力的热情。利用食物进行教育，带给幼儿的不仅是健康意识，还有生存技能的积累，在这个过程中幼儿懂得了对劳动成果应尊重、感恩、珍惜。

反思：

序号	反思	内容
1	吴迎未教师的反思	通过活动，幼儿不仅丰富了对鸡蛋类美食的认知，而且掌握了多种烹饪鸡蛋美食的步骤与流程，烹饪技能、动手操作能力和协作能力也明显提高，从细节之处养成了良好的烹饪习惯，体验到劳动的价值和成就感，获得了自信和成长。在烹饪活动中，幼儿置身于真实的生活情境，感受食物背后的情感和温度，追寻生活的本真。教师更关注的是幼儿的参与过程，其实鸡蛋饼做得美味与否并不重要，重要的是在这个过程中我们看到了幼儿敢于尝试、一直坚持、积极主动、认真专注、懂得合作、敢于探究的学习品质。我们还应该思考，如何给幼儿创造环境和条件进行烹饪技能的练习，如家园合作，鼓励幼儿在家进行有关鸡蛋美食的烹饪，经常练习制作美食并与家人分享。

续 表

序号	反思	内容
2	欧阳玲园长评价	烹饪课程是幼儿园劳动教育中的一项重要内容，“鸡蛋的美味之旅”主题活动不仅让幼儿对鸡蛋美食的制作过程有了一定的了解，而且对幼儿的成长也有着积极的意义。首先，在烹饪鸡蛋的过程中，幼儿需要亲手将鸡蛋打开、搅拌、煎煮，这些动作能够锻炼幼儿的手眼协调能力和精细动作能力；其次，幼儿也需要自己准备材料、洗碗盘、操作厨具，这促使幼儿学会独立处理问题和自理的能力；最后，烹饪课程通常是以小组形式进行，幼儿需要与同伴分工合作，共同完成任务，这培养了幼儿的合作意识和团队精神。 烹饪课程不仅让幼儿学到了烹饪知识和技巧，还培养了幼儿的动手能力、观察力、创造力和想象力，让幼儿体验了劳动的重要性和价值。烹饪课程“鸡蛋的美味之旅”可以促进幼儿的全面发展。
3	家长评价	孩子在该主题活动学习中收获了成长。孩子经常会把学习到的与鸡蛋有关的知识带回家和家人一起分享，如蛋白、蛋清的营养价值，鸡蛋可以做成哪些美食，跟我一起比赛谁先把蛋立起来，等等。印象最深的是孩子在幼儿园的烹饪小厨房里学到了制作鸡蛋饼的方法，一回家就迫不及待地要展示给家人看，切葱、打鸡蛋、和面粉、搅拌等流程一气呵成。我们在家一起制作了很多与鸡蛋相关的美味食物，如茶叶蛋、蛋挞、蛋糕、番茄炒蛋、胡萝卜鸡蛋饼等。孩子在真实的美食制作情境中获得了认知经验，掌握了相关的烹饪技能，从而激发了动手实践的兴趣。而一道道美食背后，不仅蕴含着劳动的价值和意义，还蕴含着分享与感恩意识，蕴含着对美好生活的向往和期待。

十一、主题环境创设

1. 利用课件进行主题互动讲解及学习。

2. 在主题墙上展示幼儿的“鸡蛋的故事调查表”，幼儿相互分享讲述。

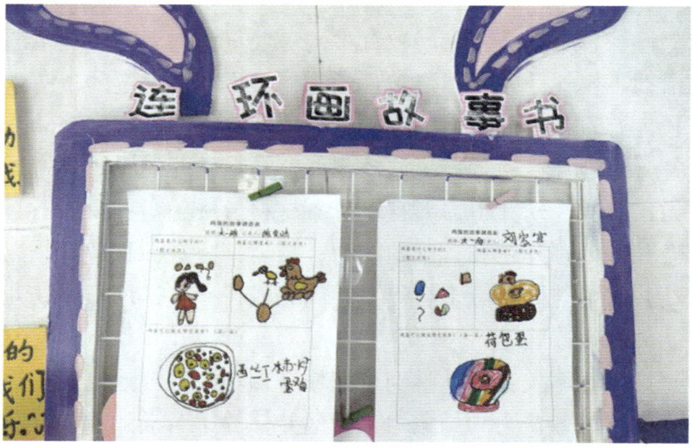

3. 在班级的科学区提供生熟鸡蛋、盐、搅拌杯等科学探索材料，方便幼儿进行与鸡蛋相关的科学探索。

4. 幼儿在美工区，用彩绘等方式，设计创意鸡蛋，并将创作的作品摆放在班级美工区。

5. 幼儿在家里和家长共同完成与鸡蛋有关的美食制作，并拍照记录和发送到班级群分享。幼儿来园后与同伴交流、分享。

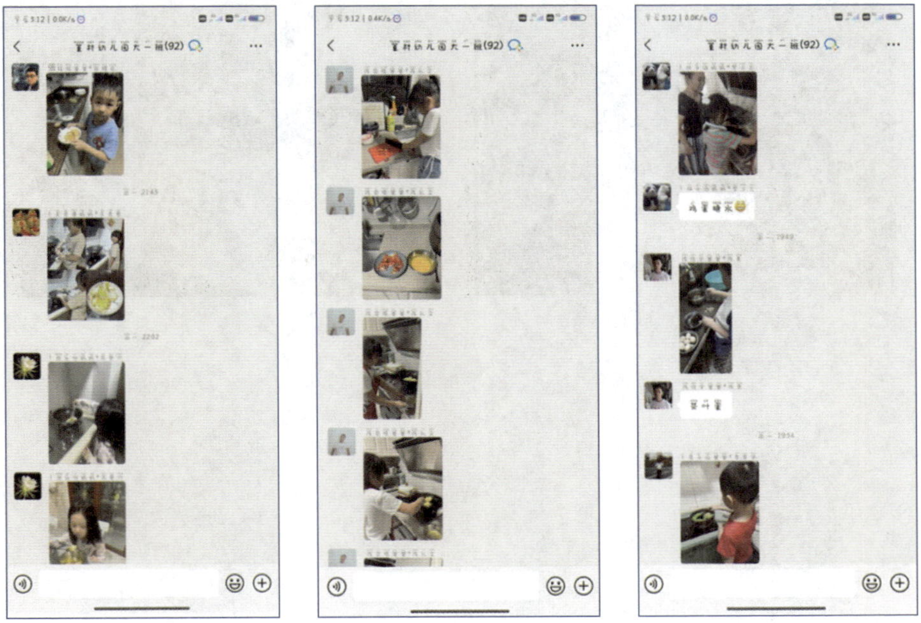

6. 在阅读区，投放鸡蛋相关书籍。

7. 幼儿园设烹饪小厨房，投放烹饪鸡蛋美食的相关工具、食材。

附件：各阶段园本劳动教育内容

小班上学期生活化园本劳动教育教学计划

一日生活环节	劳动教育内容	劳动教育目标
晨间来园	1.整理书包、衣物。 2.签到打卡。 3.喝水。	1.会按要求摆放自己的书包，会将自己脱下的衣物叠放在指定位置。 2.认识自己的名字，能准确地用符号进行签到。 3.双手拿杯子在指定的区域自主喝水。
晨间锻炼及户外活动	1.活动前，帮助教师搬运体育器械，做好准备工作。 2.活动中选择不同的体育器械进行活动。 3.活动后与教师收拾活动器械。	1.在教师的指令下，正确搬运体育器械。 2.主动选择不同的体育器械进行运动，能掌握器械的基本玩法，并尝试新的玩法。 3.活动后与教师一起收拾活动器械，并摆放整齐。
早操活动	做操。	自取器械，听到音乐主动做操。
生活活动（盥洗、吃点心）	1.餐前、便后洗手。 2.自觉进行餐后清洁。 3.独立用点心。	1.学习正确的洗手方法，并逐步知道餐前、便后要洗手。 2.掌握使用餐巾纸擦拭餐桌、擦鼻涕的基本方法。 3.能平稳地使用汤勺，会剥果皮。

续 表

一日生活环节	劳动教育内容	劳动教育目标
进餐活动	1.主动拿餐。 2.保持桌面干净，会收拾残渣。 3.做到餐后擦嘴、漱口。	1.在教师的提示下，能够主动拿餐，按需取餐。 2.养成良好的卫生习惯，做到保持餐桌干净，饭后收拾残渣。 3.每天餐后擦嘴，饭后漱口。
午睡	1.坚持午睡。 2.穿衣和穿鞋。	1.每天按时睡觉和起床，并能坚持午睡。 2.指导幼儿学习生活自理的基本方法，幼儿能够自己穿外套、裤子和鞋。
集体教学	1.活动前做好准备工作。 2.活动中能协助教师、同伴分发教具、学具。 3.活动后帮忙整理教具、学具，摆放桌椅等。	1.在教师的指引下，搬好椅子整齐坐好。 2.协助教师、同伴正确地分发学具。 3.活动后，主动帮忙整理教具、学具，并整齐地摆放桌椅。
游戏/区域活动	1.协助教师做好准备工作。 2.按需取材，有序操作。 3.整理游戏或教具材料。 4.照顾植物。	1.在教师的指引下协助教师做好准备工作。 2.活动中按照自己的需求取放材料，不争抢玩具、教具。 3.能按照标识主动整理游戏或教具材料。 4.愿意照顾植物，知道简单的种植、养护知识。
离园活动	整理个人用品。	在教师的提示下能够整理个人用品，并摆放整齐。

小班下学期生活化园本劳动教育教学计划

一日生活环节	劳动教育内容	劳动教育目标
晨间来园	1.整理书包、衣物。 2.签到打卡。 3.喝水。	1.会按要求摆放自己的书包，学会将自己脱下的衣物叠放在指定位置。 2.认识自己的名字，能准确地用符号进行签到。 3.双手拿杯子在指定的区域自主喝水。
晨间锻炼及户外活动	1.活动前，帮助教师搬运体育器械，做好准备工作。 2.活动中选择不同的体育器械进行活动。 3.活动后，会帮教师收拾活动器械。	1.在教师的指令下，正确搬运体育器械。 2.主动选择不同的体育器械进行运动，能掌握器械的基本玩法，并尝试新的玩法。 3.活动后与教师一起收拾活动器械，并摆放整齐。

续 表

一日生活环节	劳动教育内容	劳动教育目标
早操活动	做操	自取器械，听到音乐主动做操。
生活活动（盥洗、吃点心）	1.餐前、便后洗手。 2.进行餐后清洁。 3.独立用点心。	1.学习正确的洗手方法，并知道餐前、便后要洗手。 2.掌握使用餐巾纸擦拭餐桌、擦鼻涕的基本方法。 3.能平稳地使用汤勺，剥果皮。
进餐活动	1.主动拿餐。 2.保持桌面干净，会收拾残渣。 3.做到餐后擦嘴、漱口。	1.在教师的提示下，能够主动拿餐，按需取餐。 2.养成良好的卫生习惯，做到保持餐桌干净，饭后收拾残渣。 3.每天餐后擦嘴，饭后漱口，能够叠餐巾。
午睡	1.坚持午睡。 2.穿衣物和鞋。	1.每天按时睡觉和起床，并能坚持午睡。 2.学习生活自理的基本方法，能够自己穿脱外套和裤子以及穿脱鞋袜。
集体教学	1.活动前做好准备工作。 2.活动中能协助教师、同伴分发教学具。 3.活动后帮忙整理教具、学具，摆放桌椅等。	1.在教师的指引下，搬好椅子整齐坐好。 2.协助教师、同伴正确地分发整理教具、学具。 3.活动后，主动帮忙整理教具、学具，并整齐地摆放桌椅。
游戏/区域活动	1.协助教师做好准备工作。 2.按需取材，有序操作。 3.整理游戏或玩具、教具材料。 4.照顾植物。 5.整理图书柜。	1.在教师的指引下协助教师做好准备工作。 2.活动中按照自己的需求取放材料，不争抢玩具。 3.能按照标识主动整理游戏或教具材料。 4.愿意照顾植物，知道简单的种植、养护知识。 5.养成阅读书籍后将其整理归位的习惯。
离园活动	整理个人用品。	在教师的提示下能够整理个人用品，并摆放整齐。

中班上学期生活化园本劳动教育教学计划

一日生活环节	劳动教育内容	劳动教育目标
晨间来园	1.整理书包、衣物。 2.签到打卡。	1.会按要求摆放自己的书包，学会将自己脱下的衣物叠放在指定位置。 2.认识自己的名字，准确地用符号进行签到。
晨间锻炼及户外活动	1.活动前，帮助教师搬运体育器械，做好准备工作。 2.活动中选择不同的体育器械进行活动。 3.活动后，会帮教师收拾活动器械。 4.幼儿园公共场所及户外环境的打扫。	1.在教师的指令下，正确搬运体育器械。 2.主动选择不同的体育器械进行运动，能掌握器械的基本玩法，并尝试新的玩法。 3.活动后与教师一起收拾活动器械，并摆放整齐。 4.爱护幼儿园的公共卫生，在教师的指引下做一些力所能及的事情，如捡落叶、擦栏杆、给花浇水等。
早操活动	坚持做操。	能跟随音乐节奏坚持认真做早操。
生活活动（盥洗、吃点心）	1.餐前、便后洗手。 2.协助生活教师摆放点心盘。	1.学习正确的洗手方法，并知道餐前、便后要洗手。 2.协助生活教师正确地摆放点心盘。
进餐活动	1.主动拿餐。 2.保持桌面干净，收拾残渣。 3.做到餐后擦嘴、漱口。	1.在教师的提示下，能够主动拿餐，按需取餐。 2.养成良好的卫生习惯，做到保持餐桌干净，饭后收拾残渣。 3.每天餐后擦嘴，饭后漱口。
午睡	1.坚持午睡。 2.穿脱衣服和鞋。 3.整理床铺。	1.每天按时睡觉和起床，并能坚持午睡。 2.学习生活自理的基本方法，能正确地穿脱衣服和鞋。 3.在教师的指导下，学习整理床铺。
集体教学	1.活动前做好准备工作。 2.活动中能协助教师、同伴分发教具、学具。 3.活动后帮忙整理教具、学具，摆放桌椅等。	1.在教师的指引下，搬好椅子整齐坐好。 2.协助教师、同伴，正确地分发教具、学具。 3.活动后，主动帮忙整理教具、学具，并整齐地摆放桌椅。

续 表

一日生活环节	劳动教育内容	劳动教育目标
游戏/区域活动	1.协助教师做好准备工作。 2.按需取材，有序操作。 3.按照标识整理游戏或教具材料。 4. 区域内进行“编织区”“手工创意区”等劳动体验活动。	1.在教师的指引下协助教师做好准备工作。 2.活动中按照自己的需求取放材料，不争抢玩具。 3.能按照标识主动整理游戏或教具材料。 4.自主选择“编织区”“手工创意区”进行活动，遵守区域规则。
离园活动	整理个人用品。	在教师的提示下能够整理个人用品，并摆放整齐。

中班下学期生活化园本劳动教育教学计划

一日生活环节	劳动教育内容	劳动教育目标
晨间来园	1.整理书包、水壶等物品。 2.值日生选择值日工作。	1.将自己的物品放到相应的位置。 2.每天的值日生选择值日工作，并按要求完成。
晨间锻炼及户外活动	1.活动前，协助教师拿适量的器械。 2.选择自己喜爱的器械进行活动，掌握器械3种以上的玩法。 3.活动后，与教师收拾活动器械。 4.参与幼儿园公共场所的清洁活动。	1.在教师的指导下，能拿适量的器械。 2.正确使用器械，能掌握器械3种以上的玩法，并尝试和同伴合作。 3.活动后，与教师收拾活动器械、场地。 4.爱护幼儿园的公共卫生，在教师的指引下做一些力所能及的事情，如捡落叶、擦栏杆、给花浇水等。
早操活动	做操。	自取器械，跟随音乐主动做操。
生活活动（盥洗、吃点心）	1.饭前、便后洗手。 2.协助保育教师摆放点心盘。	1.每天饭前、便后洗手，方法基本正确。 2.协助保育教师分组摆放点心盘。
进餐活动	1.协助保育教师分发餐具。 2.清理餐盘和桌面，整理桌面物品。 3.餐后擦嘴、漱口，并提醒同伴。	1.在教师的指导下，幼儿协助保育教师分发餐具，做好餐前准备工作。 2.餐后及时清理餐盘和桌面，整理桌面，保持桌面整洁。 3.餐后擦嘴、漱口的方法正确，并提醒同伴。

续 表

一日生活环节	劳动教育内容	劳动教育目标
午睡	1.自己脱衣物、鞋子，并摆放整齐。 2.午睡起床后在教师的帮助下整理床铺。	1.培养幼儿良好的生活习惯。幼儿会在指定的位置将衣物、鞋子摆放整齐。 2.午睡起床后在教师的帮助下整理床铺，穿好衣物、鞋袜。
集体教学	1.活动前做好自主性工作。 2.活动中能协助教师、同伴分发教具、学具。 3.活动后进行服务性劳动。	1.活动前做好自主性工作，如拿好水壶、喝水等。 2.活动中能协助教师、同伴分组分发教具、学具，认识部分同伴的名字。 3.活动后能参加服务性劳动，如整理、收纳教具、学具，摆放桌椅等。
游戏/区域活动	1.按需取材，有序操作。 2.按照标识整理游戏或玩教具材料。 3.区域内进行“编织区”“小厨房”等劳动体验活动。 4.整理书柜、书包柜等。	1.活动中按照自己的需求取放材料，不争抢玩具。 2.能按照标识主动整理游戏或玩教具材料。 3.自主选择“编织区”“小厨房”进行活动，遵守区域规则。 4.能整理书柜、书包柜等。
离园活动	能整理自己的物品。	能整理好自己的物品，将椅子、玩具等归位，摆放整齐。

大班上学期生活化园本劳动教育教学计划

一日生活环节	劳动教育内容	劳动教育目标
晨间来园	1.整理书包、水壶等私人物品。 2.擦桌子、扫地等。	1.具备较强的生活自理能力，自觉为周围环境做力所能及的清洁工作。 2.主动参与劳动，热爱劳动，养成正确的劳动价值观。
晨间锻炼及户外活动	1.帮助同伴塞汗巾。 2.及时推水杯架，提醒同伴取拿水杯。 3.幼儿园公共场所及户外环境的打扫，如捡落叶、擦栏杆等。	自觉做好户外活动的准备和防护工作。
早操活动	自主取拿早操器械。	养成热爱劳动、坚持劳动的良好习惯。

续 表

一日生活环节	劳动教育内容	劳动教育目标
生活活动（盥洗、吃点心）	1.主动洗手，并提醒同伴正确洗手。 2.协助生活老师摆放点心盘。 3.按需取餐。	1.提高生活自理能力，自觉为周围环境做力所能及的事。 2.主动参与劳动，热爱劳动，形成正确的劳动价值观。
进餐活动	1.协助教师进行餐前准备。 2.清理餐盘和桌面餐残，整理桌面。 3.主动餐后擦嘴、漱口。	掌握简单的劳动知识和劳动技能，坚持自我服务。
午睡	1.自主脱衣、整理、摆放。 2.自主盥洗。 3.午睡起床后自主穿衣叠被、整理床铺。	掌握简单的劳动知识和劳动技能，坚持自我服务。
集体教学	活动前的自主性服务。	1.认识与自己生活关系密切的不同职业，尊重劳动者，崇尚劳动，探索更多的劳动技能。 2.热爱劳动，珍惜劳动成果。
游戏/区域活动	1.协助老师做好准备工作。 2.按需取材，有序操作。 3.按照标识收纳、整理游戏或教具材料。	1.能主动在游戏前通过协商和计划，对游戏区域进行环境布置和材料投放。 2.游戏后能自觉对材料进行归位整理。 3.能在游戏中积累劳动经验，感受创造性劳动带来的喜悦和收获。
离园活动	自主整理个人用品。	保持愉快的情绪，能愉快地参与离园前的活动。

大班下学期生活化园本劳动教育教学计划

一日生活环节	劳动教育内容	劳动教育目标
晨间来园	1.整理书包、水壶等私人物品。 2.照顾植物、饲养班宠。	1.具备较强的生活自理能力，自觉为周围环境做力所能及的事。 2.主动参与劳动，热爱劳动，养成正确的劳动价值观。
晨间锻炼及户外活动	1.帮助同伴塞汗巾。 2.及时推水杯架，提醒同伴取拿水杯。	自觉做好户外活动的准备和防护工作。

续 表

一日生活环节	劳动教育内容	劳动教育目标
晨间锻炼及户外活动	3.活动前，帮助教师搬运体育器械，做好准备工作。 4.活动后，协助整理活动场地，有序摆放。 5.幼儿园公共场所及户外环境的打扫，如捡落叶、擦栏杆等。	
早操活动	自主拿取早操器械。	养成热爱劳动、坚持劳动的良好习惯。
生活活动（盥洗、吃点心）	1.主动洗手，并提醒同伴正确洗手。 2.协助生活教师摆放点心盘。 3.按需取餐。	1.提高生活自理能力，自觉为周围环境做力所能及的事。 2.主动参与劳动，热爱劳动，形成正确的劳动价值观。
进餐活动	1.协助教师进行餐前准备。 2.自主盛饭、盛菜。 3.播报美食。 4.清理餐盘和桌面餐残，整理桌面。 5.餐后主动擦嘴、漱口。	掌握简单的劳动知识和劳动技能，坚持自我服务。
午睡	1.自主脱衣、整理、摆放。 2.自主盥洗。 3.午睡起床后自主穿衣叠被、整理床铺。	掌握简单的劳动知识和劳动技能，坚持自我服务。
集体教学	1.活动前主动做好准备。 2.活动中能协助教师、同伴分发教具、学具。 3.活动后能做好服务性工作，如整理、收纳教具、学具，摆放桌椅等。	1.认识与自己生活关系密切的不同职业，尊重劳动者，崇尚劳动，探索更多的劳动技能。 2.热爱劳动，珍惜劳动成果。
游戏/区域活动	1.协助教师做好准备工作。 2.按需取材，有序操作。 3.按照标识收纳、整理游戏或教具材料。 4.区域内进行“娃娃家”“美容美发区”等劳动体验活动。 5.整理书柜、修补图书等。	1.能主动在游戏前通过协商和计划，对游戏区域进行环境布置和材料投放。 2.游戏后能自觉对材料进行归位整理。 3.能在游戏中积累劳动经验，感受创造性劳动带来的喜悦和收获。
离园活动	自主整理个人用品。	保持愉快的情绪，能愉快地参与离园前的活动。

第二篇

行劳动之乐：亲子劳动实践

高尔基说："我们世界上最美好的东西，都是由劳动、由人的聪明的手创造出来的。"因此，幼儿在儿童时期，蕴藏着无限的可能性，需要家长加以发掘和引导。家务劳动能锻炼幼儿的身体协调能力和动手能力，有助于幼儿逻辑思维能力的提高。幼儿与父母互相沟通、分工合作达成劳动目标，可以增进亲子关系。家务劳动还有利于增强幼儿的智力，有益于幼儿左右脑的开发，并能培养幼儿的责任意识，使幼儿更加勤劳，做到"眼里有活，心中有爱"。

我会拖地

东莞市东城城市花园翰林童爱幼儿园亲子劳动实践反馈如下：

内容	班级	时间	姓名
我会拖地	小班	2023年4月20日	明明
劳动技能	水桶装好水，拖把湿湿水。 双手拿拖把，地上来回拖。 身子往前倾，脚丫往后移。 清洗拖把后，拖把放放好。		
家长评价	宝贝，今天你主动跟妈妈说："妈妈，我可以试试帮你拖地吗？我能拖得很干净！"妈妈看着你小小的身躯但却卖力地拖地，而且学会了主动劳动，真的为你感到开心，你是妈妈最大的幸福。		
劳动剪影			

穿鞋子

东莞市高埗贝欣幼儿园亲子劳动实践反馈如下：

内容	班级	时间	姓名
穿鞋子	小班	2023年7月16日	朵朵
劳动技能	打开大嘴巴，拉住小舌头。 脚丫往里钻，关上大嘴巴。		
家长评价	宝贝穿鞋子都是奶奶包办的。我平时也让孩子尝试自己穿鞋子，但是怎么都教不会，作为新手父母也不知道应该怎么指导，看到孩子穿鞋困难，就总想自己动手帮孩子穿好。在老师提供的儿歌的指引下，孩子能快速地穿好鞋子，真让人欣喜不已。		
劳动剪影	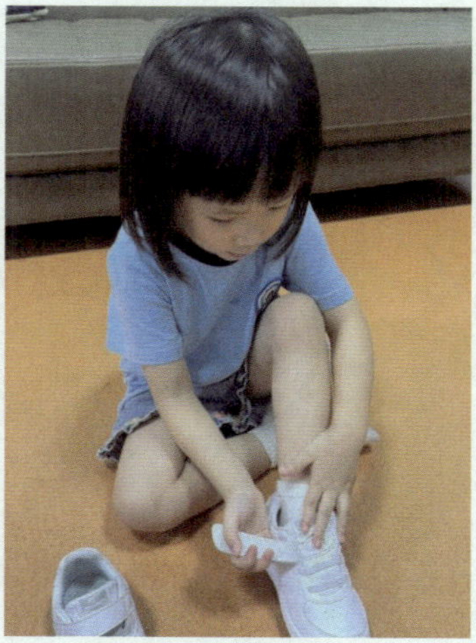		

剥鸡蛋

东莞市塘厦水霖新龙幼儿园亲子劳动实践反馈如下：

内容	班级	时间	姓名
剥鸡蛋	小班	2023年9月9日	笑笑
劳动技能	小手小手快动起来，一个鸡蛋快来剥。 左手右手都动起来，鸡蛋剥壳笑哈哈。 悄悄把鸡蛋拿过来，小手轻轻敲一敲。 蛋壳掉下来咯咯咯，里面的蛋蛋笑哈哈。		
家长评价	作为孩子的妈妈，我为孩子参与劳动课程感到很开心。我带着孩子第一次动手剥鸡蛋，再配上老师给的儿歌，感觉就像在玩游戏，孩子也乐在其中。		
劳动剪影			

我是清洁小能手

东莞市东城城市花园翰林童爱幼儿园亲子劳动实践反馈如下：

内容	班级	时间	姓名
我是清洁小能手	中班	2023年6月17日	琪琪
指引	小桌子用处多，吃完饭要擦桌； 小抹布洗个澡，拧干之后对折好； 顺着一个方向擦，桌子四周记得擦。		
家长评价	看着孩子能够主动帮家里承担一些家务，我意识到我的宝贝在逐渐长大。生活即教育，希望我的孩子能够从劳动中获得更多的成长经验。		
劳动剪影			

我爱洗碗

东莞市高埗贝欣幼儿园亲子劳动实践反馈如下：

内容	班级	时间	姓名
我爱洗碗	中班	2023年7月1日	宸宸
劳动技能	我有一双小小手，卷起袖子真能干； 大碗小碗盆中放，盆中挤入洗洁精； 手里拿着洗碗布，抹一抹，转一转； 再用流水冲干净，洗得小碗亮晶晶。		
家长评价	不知不觉你就长大了，能为家里分担家务了。在劳动实践中，你又掌握了一项生活技能，爸爸妈妈真为你感到开心和骄傲。看着你，我们仿佛在看着一个有责任感的小小男子汉。		
劳动剪影			

摘青菜

东莞市塘厦水霖新龙幼儿园亲子劳动实践反馈如下：

内容	班级	时间	姓名
摘青菜	中班	2023年9月9日	聪聪
劳动技能	摘呀摘呀摘菜菜，小小手儿动起来。 劳动小手真勤快，快乐摘菜大家爱。 摘呀摘呀摘菜菜，小小手儿满香味。 自己摘菜更好吃，分享快乐更有爱。		
家长评价	适当给孩子分配一些力所能及的家务可以增强孩子的责任意识，锻炼其独立能力，使其获得成就感，提升其解决问题的能力。		
劳动剪影			

种植剑兰花

东莞市东城城市花园翰林童爱幼儿园亲子劳动实践反馈如下：

内容	班级	时间	姓名
种植剑兰花	大班	2023年3月22日	安安
指引	第一步：将泥土刨松，在泥土中挖出一个小坑。 第二步：把植物放在小坑里。 第三步：把细碎泥土填压到植物根部。 第四步：给植物浇水。 第五步：让植物在太阳下吸收阳光。		
家长评价	今天老师给宝贝布置的任务是种植剑兰花，宝贝迫不及待地拿出来和我分享。他说要先将泥土刨松，再把剑兰花放在泥土里，浇水和施肥，还要让剑兰花在太阳下吸收阳光。我为他热爱劳动、自己动手感到高兴。		
劳动剪影			

叠被子

东莞市高埗贝欣幼儿园亲子劳动实践反馈如下：

内容	班级	时间	姓名
叠被子	大班	2023年7月1日	瑞瑞
劳动技能	小被子，抓住角，拿在手中抖一抖； 左边折，右边折，合拢起来对对齐； 点个头，抬个脚，看我变个小魔法； 变成一块小砖头，被子叠得真好看。		
家长评价	转眼间我的宝贝长大啦！现在的你每天都能坚持自己整理床铺，有时候还能提醒爸爸妈妈记得起床叠被子。你的自理能力提高了许多，在家里还常常主动地参与家务劳动，妈妈真替你感到高兴，你成功解锁了一项新技能。		
劳动剪影			

切水果

东莞市塘厦水霖新龙幼儿园亲子劳动实践反馈如下：

内容	班级	时间	姓名
切水果	大班	2023年9月14日	悦悦
劳动技能	切水果，切水果，我们在一起。 拿起刀，小心翼翼，把水果切得很美丽。 香蕉黄黄，又长又香，切成圆片好饱腹。 西瓜绿绿，汁水满溢，切成块块好解渴。 苹果红红，皮薄肉厚，切成块块好触手。 橙子橙橙，皮薄多汁，切成半圆好入口。 切水果，切水果，我们在一起。 享受美食，快乐满溢，一起享受水果的香气。		
家长评价	宝贝，你现在越来越能干了！爸爸妈妈很高兴我们的宝贝能自己的事情自己做，家里的家务帮着做。宝贝学会了独立，我们很欣慰。		
劳动剪影			

附：幼儿园生活化劳动教育评价表

小班幼儿家务劳动评价表

记录说明：

😊 代表好　　😑 代表一般　　😫 代表仍需加油

评价内容	家长评价
1.家务参与：评价幼儿参与家务劳动的积极性，是经常参与还是偶尔参与。	😊 😑 😫
2.家务技能：幼儿是否能胜任家务劳动中的各项任务？完成任务的质量如何？	😊 😑 😫
3.项目内容：对幼儿在家务劳动中的表现进行评价，如收拾玩具、浇花、擦桌子、扫地、叠衣服等。	😊 😑 😫

小班幼儿一日生活劳动技能评价表

记录说明：

😊 代表好　　😑 代表一般　　😩 代表仍需加油

评价内容	教师评价
1.自理能力：分析、评价幼儿在晨间入园、餐前准备、午间洗漱和离园等环节的自我服务能力和独立自主水平。	😊 😑 😩
2.劳动技能：评价幼儿在班级劳动、协助教师、帮助同伴等环节的劳动技能和实践能力。	😊 😑 😩
3.自我管理：幼儿能否在活动结束后，将使用过的物品及时放回原位，保持环境整洁？	😊 😑 😩

小班幼儿劳动教育评价表

记录说明：

😊 代表好　　😑 代表一般　　😩 代表仍需加油

评价内容	教师评价
1.劳动情感发展：幼儿在各类劳动活动中的投入程度、活动中的兴趣及持久性如何？是否能积极参与并从中发现乐趣？	😊 😑 😩
2.劳动认知发展：幼儿在劳动活动中是否了解各种劳动技能的实际应用和重要性？是否能积极主动地学习和掌握更多的劳动技能？	😊 😑 😩
3.劳动习惯发展：幼儿在劳动活动中是否能够坚持完成劳动任务，不轻易放弃，并愿意为劳动成果负责？	😊 😑 😩
4.劳动成果展示：对幼儿在手工制作、种植等活动中所表现出的劳动习惯进行分析，了解他们是否养成良好的劳动习惯以及是否有较好的自理能力。	😊 😑 😩

小班幼儿种植活动评价表

记录说明：

😊 代表好　　😑 代表一般　　😫 代表仍需加油

评价内容	教师评价
1.种植参与：幼儿是否关心自己种植的植物的生长情况？是否愿意主动照料和观察植物的生长变化？	😊 😑 😫
2.植物生长：观察幼儿的参与程度以及对植物生长的贡献，如在参与播种、浇水、修剪等劳动之下是否关注植物的生长情况。	😊 😑 😫
3.护理技能：幼儿是否了解不同植物对种植深度和浇水的需求？是否能根据实际情况做出相应的调整？	😊 😑 😫

中班、大班幼儿家务劳动评价表

记录说明：

😊 代表好　　😑 代表一般　　😫 代表仍需加油

评价内容	幼儿自评	同伴互评	家长评价
1.家务参与：评价幼儿参与家务劳动的积极性，是经常参与还是偶尔参与？	😊 😑 😫	😊 😑 😫	😊 😑 😫
2.家务技能：幼儿是否能胜任家务劳动中的各项任务？完成任务的质量如何？	😊 😑 😫	😊 😑 😫	😊 😑 😫
3.项目内容：对幼儿在家务劳动中的表现进行评价。	😊 😑 😫	😊 😑 😫	😊 😑 😫

中班、大班幼儿一日生活劳动技能评价表

记录说明：

😊 代表好　　😑 代表一般　　😩 代表仍需加油

评价内容	幼儿自评	同伴互评	家长评价
1.自理能力：分析、评价幼儿在晨间入园、餐前准备、午间洗漱和离园等环节的自我服务能力和独立自主水平。	😊 😑 😩	😊 😑 😩	😊 😑 😩
2.劳动技能：评价幼儿在班级劳动、协助教师、帮助同伴等环节的劳动技能和实践能力。	😊 😑 😩	😊 😑 😩	😊 😑 😩
3.自我管理：评价幼儿能否在活动结束后，将使用过的物品及时放回原位，保持环境整洁有序。	😊 😑 😩	😊 😑 😩	😊 😑 😩

中班、大班幼儿劳动教育评价表

记录说明：

代表好　　代表一般　　代表仍需加油

评价内容	幼儿自评	同伴互评	家长评价
1.劳动情感发展：评价幼儿在各类劳动活动中的投入程度、活动中的兴趣及持久性，以及是否能积极参与并从中发现乐趣。			
2.劳动认知发展：评价幼儿在劳动活动中是否了解各种劳动技能的实际应用和重要性，以及是否能积极主动地学习和掌握更多的劳动技能。			
3.劳动习惯发展：评价幼儿在劳动活动中是否能够坚持完成劳动任务，不轻易放弃，并是否愿意为劳动成果负责。			
4.劳动成果展示：对幼儿在手工制作、种植等活动中所表现出的劳动习惯进行分析，评价他们是否养成良好的劳动习惯以及是否有较好的自理能力。			

中班、大班幼儿种植活动评价表

记录说明：

😊 代表好　　😑 代表一般　　😩 代表仍需加油

评价内容	幼儿自评	同伴互评	家长评价
1.种植参与：评价幼儿是否关心自己种植的植物的生长情况，是否愿意主动照料和观察植物的生长变化。	😊 😑 😩	😊 😑 😩	😊 😑 😩
2.植物生长：评价幼儿的参与程度以及对植物生长的贡献，如参与播种、浇水、修剪等工作之下观察植物的生长情况。	😊 😑 😩	😊 😑 😩	😊 😑 😩
3.护理技能：评价幼儿是否了解不同植物对种植深度和浇水的需求，以及是否能根据实际情况作出相应的调整	😊 😑 😩	😊 😑 😩	😊 😑 😩

第三篇

思 劳动之美：学习故事

苏霍姆林斯基说："观察对于儿童之必不可少，正如阳光、空气、水分对于植物之必不可少一样。在这里，观察是智慧的最重要的能源。"在幼儿的生活化劳动游戏活动过程中，观察是教师了解幼儿最直接的方式，也是教师看到幼儿最真实一面的方式。教师可以通过观察发现幼儿的"哇"时刻，真正倾听幼儿的声音。

青瓜驾到

园所名称：东莞市东城城市花园翰林童爱幼儿园

活动地点：幼儿园与幼儿家中

幼儿姓名：涵涵

年　　龄：小班

活动名称：青瓜驾到

日　　期：2023年7月12日

发展	心理特点	学习故事（观察）
兴趣	对什么感兴趣	小一班的菜地里种下了青瓜苗，小朋友们天天都会去看小青瓜苗。一天，涵涵发现有一株青瓜开花了，因此非常期待小青瓜结果。可是，因为总是下雨，有些青瓜花开两天就掉落下来了，还有一些青瓜藤总是开不出小花。涵涵着急了：“青瓜是不是生病了？还是营养不够呀？”带着这些疑问，涵涵问了种菜经验丰富的奶奶。奶奶说，是因为长时间下雨，青瓜藤喝太多水了。涵涵听取了奶奶的建议，在老师和班上小朋友们的帮助下给青瓜藤搭了架子和雨棚，还给青瓜藤填营养土，并给青瓜藤预留了更多的扎根空间。 涵涵带着满意的笑容看着小青瓜藤爬在架子上，开出朵朵美丽的小花。从此小青瓜有了自己专属的雨棚，再也不怕下雨了。（记录人：熊红琴）
过程	在做什么	
品质	完成了什么挑战/困难/任务	
表达	有什么话想对大家说	
收获	有什么收获	

续 表

在这个故事中幼儿有可能在学习什么（识别）	机会和可能（回应）
1.幼儿喜欢动手操作，但是由于缺少独立完成的经验，手部协调能力有待提高。 2.涵涵是一个比较细心、做事积极、观察细致的孩子。在涵涵的热情帮助下，小青瓜藤们住上了雨棚，爬上了竹架，结出了丰硕的果实。涵涵获得了满满的成就感。	创设幼儿动手操作的实践平台，通过家园共育培养幼儿良好的劳动习惯。
家长评价： 幼儿园培养幼儿的劳动习惯，让涵涵在家也种植了青瓜苗。她每天和家人一起观察自己的小青瓜与幼儿园的小青瓜谁长得快、长得好、结的青瓜多。这是非常好的劳动实践过程。	
记录照片： 	

摘橘子

园所名称：东莞市高埗贝欣幼儿园

活动地点：户外

幼儿姓名：明明

年　　龄：小班

活动名称：摘橘子

日　　期：2023年3月23日

发展	心理特点	学习故事（观察）
兴趣	对什么感兴趣	今天小朋友们去摘橘子，发现太高了摘不到。明明看到班上的凳子提议说：“可以搬凳子，站在凳子上摘呀！”于是小朋友们纷纷搬来了自己的凳子。明明发现站在一张凳子上还是不够高，便尝试叠加凳子。当叠到四张凳子时，终于成功地摘到了高处的橘子。明明开心地跟教师分享了刚摘到的橘子。（记录人：李嘉瑶）
过程	在做什么	
品质	完成了什么挑战/困难/任务	
表达	有什么话想对大家说	
收获	有什么收获	

续 表

<table>
<tr><th>在这个故事中幼儿有可能在学习什么（识别）</th><th>机会和可能（回应）</th></tr>
<tr><td>幼儿能够积极主动、大胆地表达自己的想法并付诸行动；懂得动脑筋思考问题，遇到困难不放弃，一步步解决困难。</td><td>下一次集体活动时，教师会请明明跟小朋友们分享他是怎样成功摘到高处的橘子的。</td></tr>
<tr><td colspan="2">家长评价：
孩子在家遇到问题时也会自己想办法解决，动手能力和思维能力都能得到发展，真棒！</td></tr>
<tr><td colspan="2">记录照片：

</td></tr>
</table>

石磨豆花

园所名称：东莞市东城城市花园翰林童爱幼儿园

活动地点：幼儿园与幼儿家中

幼儿姓名：樾樾

年　　龄：大班

活动名称：石磨豆花

日　　期：2023年6月8日

<table>
<tr><th>发展</th><th>心理特点</th><th>学习故事（观察）</th></tr>
<tr><td>兴趣</td><td>对什么感兴趣</td><td rowspan="5">幼儿们在绘本阅读时读到“豆子变成了软软的豆腐花”时，充满了好奇，于是一场“豆腐花记”的故事开始了。
樾樾：“小黄豆变成白白的豆腐花真神奇。”
小瑾：“黄豆到底是怎么成为豆腐花的呢？”
秀秀：“真想试试怎么做豆腐花呀！”
既然幼儿们对一粒小小的黄豆如何变成豆腐花这么感兴趣，那就一起来探索如何做豆腐花吧！
（记录人：刘爱婷）</td></tr>
<tr><td>过程</td><td>在做什么</td></tr>
<tr><td>品质</td><td>完成了什么挑战/困难/任务</td></tr>
<tr><td>表达</td><td>有什么话想对大家说</td></tr>
<tr><td>收获</td><td>有什么收获</td></tr>
</table>

续 表

<table>
<tr><th>在这个故事中幼儿有可能在学习什么（识别）</th><th>机会和可能（回应）</th></tr>
<tr><td>在活动中，幼儿们都在讨论如何制作豆腐花，因此，我们开展了话题讨论，幼儿们都发表了自己的见解。
原来豆腐花要经过这么多环节才能做成：泡水—磨豆—过滤—煮沸—点卤—按压。</td><td>面对班上多数幼儿不喜欢吃豆腐的现状，我们组织幼儿进行一番讨论与总结。教师通过观察“小集市豆腐花义卖”活动，激发幼儿吃豆腐的兴趣。</td></tr>
<tr><td colspan="2">家长评价：
孩子利用周末时间和父母一起进行了调查，通过观察、了解豆腐花从哪儿来，对豆腐花的制作流程有了初步的直观了解，并能够用自己的语言将发现的结果清晰地表述出来，表达能力得到了提高。</td></tr>
<tr><td colspan="2">记录照片：
</td></tr>
</table>

捉虫奇遇记

园所名称：东莞市高埗贝欣幼儿园

活动地点：菜园

幼儿姓名：晋晋

年　　龄：小班

活动名称：捉虫奇遇记

日　　期：2023年3月20日

发展	心理特点	学习故事（观察）
兴趣	对什么感兴趣	来到菜园，晋晋的小眼睛一直在认真观察菠菜的变化。在发现菠菜叶子上有好几个洞后，他说："老师，我们的菠菜怎么了？上面为什么会有洞洞？难道是被虫子吃掉了？"我说："应该是吧！"晋晋说："要帮菠菜捉掉虫子，这样菠菜就不会有洞洞了。"于是他和小朋友们回教室找到了小剪刀、小木棍、纸杯、塑料板等不同的工具，开始了捉虫子活动。（记录人：麦金妃）
过程	在做什么	
品质	完成了什么挑战/困难/任务	
表达	有什么话想对大家说	
收获	有什么收获	

续 表

在这个故事中幼儿有可能在学习什么（识别）	机会和可能（回应）
幼儿的观察能力很强，发现了菠菜的变化；为了帮菠菜捉虫子，幼儿带着小朋友们一起找工具，充满了责任感和爱心。	下次养护菠菜时，可以让幼儿数一数菠菜叶子的洞洞是否比上次还多，并和同伴一起分享。
家长评价： 孩子自主解决问题的积极性提高了，发现问题后能够自己想办法解决，在这个过程中还可以带领同伴一起解决，继续加油。	
记录照片： 	

番茄的拐杖

园所名称：东莞市高埗贝欣幼儿园

活动地点：菜地

幼儿姓名：轩轩

年　　龄：大班

活动名称：番茄的拐杖

日　　期：2023年6月7日

<table>
<tr><th>发展</th><th>心理特点</th><th>学习故事（观察）</th></tr>
<tr><td>兴趣</td><td>对什么感兴趣</td><td rowspan="5">番茄慢慢长大了，幼儿发现自己的番茄长歪了，于是商量着要给番茄做“拐杖”。回到教室后幼儿们自己设计了番茄的拐杖，准备好了材料和工具后就开始动手了。轩轩站在菜地旁迟迟没有动手，小眼睛一直没有离开其他小朋友。过了一会儿，他邀请了两个小朋友，在一起商量了一会儿后，才开始动起手来。（记录人：柯小情）</td></tr>
<tr><td>过程</td><td>在做什么</td></tr>
<tr><td>品质</td><td>完成了什么挑战/困难/任务</td></tr>
<tr><td>表达</td><td>有什么话想对大家说</td></tr>
<tr><td>收获</td><td>有什么收获</td></tr>
</table>

续 表

<table>
<tr><th>在这个故事中幼儿有可能在学习什么（识别）</th><th>机会和可能（回应）</th></tr>
<tr><td>幼儿的观察能力很强，一直在学习；遇到问题会想办法自己解决，也知道找同伴合作。</td><td>教师平行介入，在旁边搭简单的架子，供小朋友们观察学习。</td></tr>
<tr><td colspan="2">家长评价：
孩子的动手能力、观察力和逻辑思维有了很大的提高，并且学习了一项新的技能，增强了责任感。</td></tr>
<tr><td colspan="2">记录照片：
</td></tr>
</table>

炸薯条

园所名称：东莞市东城城市花园翰林童爱幼儿园
活动地点：幼儿园与幼儿家中
幼儿姓名：东东
年　　龄：大班
活动名称：炸薯条
日　　期：2023年6月12日

发展	心理特点	学习故事（观察）
兴趣	对什么感兴趣	今天，蟹堡王国迎来了好多客人。蟹老板拿来了很多土豆，想请我们的厨房小帮手们用土豆制作薯条来招待客人们。6个小帮手纷纷过来围观、讨论，分工合作，于是探索炸薯条之旅开始啦！ 鸿鸿：“我们先用刨刀把土豆的皮削掉。” 东东：“我和小旭把土豆切成条，是切细一点儿还是粗一点儿呢？” 在小朋友们的齐心协力下，一个个圆圆的土豆变成了一条条的土豆条，接下来小朋友们又会怎样把土豆条变成薯条呢？（记录人：梁蒙蒙）
过程	在做什么	
品质	完成了什么挑战/困难/任务	
表达	有什么话想对大家说	
收获	有什么收获	

续 表

在这个故事中幼儿有可能在学习什么（识别）	机会和可能（回应）
在活动中，幼儿们都在讨论如何才能把土豆变成香喷喷的薯条，因此，我们开展了话题讨论，幼儿们都有自己的见解。 原来炸薯条要经过这么多环节：刨皮—切长条—浸泡—控干—油炸。	教师在旁引导幼儿怎样可以让薯条变得更加美味。
家长评价： 东东已学会用刨刀等工具对食物做简单的处理，在家里也会帮助妈妈做一些力所能及的事情。孩子在遇到难题时学会思考，知道一步一步地想办法去解决问题。	
记录照片： 	

我是值日生

园所名称：东莞市高埗贝欣幼儿园

活动地点：教室

幼儿姓名：妍妍

年　　龄：大班

活动名称：我是值日生

日　　期：2023年3月17日

发展	心理特点	学习故事（观察）
兴趣	对什么感兴趣	今天是妍妍当值日生。午饭后，妍妍走到洗手间准确地拿起了擦桌布和小桶，来到桌子旁认真地擦起了桌子。她把桌上的饭粒一粒粒地抹进小桶里。擦完桌子，妍妍走进洗手间开始清洗擦桌布，翻来覆去地清洗了3遍，才满意地把擦桌布挂回了原位。（记录人：宾顺平）
过程	在做什么	
品质	完成了什么挑战/困难/任务	
表达	有什么话想对大家说	
收获	有什么收获	

续 表

<table>
<tr><th>在这个故事中幼儿有可能在学习什么（识别）</th><th>机会和可能（回应）</th></tr>
<tr><td>妍妍动手能力很强，能自己的事情自己完成。她虽然有时候不是值日生，但仍会主动帮助小伙伴，是一个非常有责任心的孩子。</td><td>值日生活动有效地培养了幼儿良好的劳动习惯和动手实践能力。“我是值日生”的活动还在继续，我们坚持让每个幼儿都参与进来，让幼儿养成一定的责任意识，充分展现自我。</td></tr>
<tr><td colspan="2">家长评价：
孩子此前比较内向，不敢主动与人交流，现在越来越开朗，感谢老师们的辛勤付出！“我是值日生”活动让孩子得到了很好的锻炼，现在在家里孩子也会积极地帮助爸爸妈妈做一些力所能及的家务。希望宝贝继续加油，爸爸妈妈相信你可以的！</td></tr>
<tr><td colspan="2">记录照片：
</td></tr>
</table>

清炒土豆丝

园所名称：东莞市南城篁村幼儿园

活动地点：烹饪小厨房

幼儿姓名：邦邦

年　　龄：中班

活动名称：清炒土豆丝

日　　期：2023年5月18日

<table>
<tr><th>发展</th><th>心理特点</th><th>学习故事（观察）</th></tr>
<tr><td>兴趣</td><td>对什么感兴趣</td><td rowspan="5">在上午的烹饪小厨房清炒土豆丝的活动中，邦邦拿到土豆，看着表皮上的泥巴，皱起了眉头，有点无从下手。在教师的鼓励下，他去水龙头下反复地搓洗，在要切土豆丝的时候，他就大声地说：“老师，我不会，这太难了吧！”教师引导他在切割时注意力要集中，小心地控制刀具的力度，以免伤到手指。在教师的引导下，他突然很自信地说：“我一定会切得很漂亮。”只见他让旁边的小朋友帮他扶着土豆，他用小刀慢慢地切片，再切丝。刚开始切的土豆都很粗，但他又重新切细，完成后还跟旁边的小朋友击掌欢笑。……（记录人：杨彩琴）</td></tr>
<tr><td>过程</td><td>在做什么</td></tr>
<tr><td>品质</td><td>完成了什么挑战/困难/任务</td></tr>
<tr><td>表达</td><td>有什么话想对大家说</td></tr>
<tr><td>收获</td><td>有什么收获</td></tr>
</table>

续 表

<table>
<tr><th>在这个故事中幼儿有可能在学习什么（识别）</th><th>机会和可能（回应）</th></tr>
<tr><td>通过参与炒菜和切土豆的过程，幼儿学会了如何安全地操作刀具，并体验了炒菜的乐趣。</td><td>在炒菜的过程中，幼儿还是比较紧张，不太敢翻炒。在使用炉具和锅时，总是担心菜会弹出来。课后教师把情况与家长进行反馈交流，建议家长在家带着幼儿多参与烹饪活动，让幼儿克服恐惧，引导幼儿胆大心细地进行尝试。</td></tr>
<tr><td colspan="2">家长评价：
孩子在园学习了清炒土豆丝后，回家要求妈妈陪同一起准备土豆，把烹饪过程再现，并主动叮嘱妈妈注意事项，有模有样地给家人做了这道菜。家人们都对孩子的动手操作能力赞叹不已，纷纷表示了对幼儿园组织的烹饪活动的支持。</td></tr>
<tr><td colspan="2">记录照片：

</td></tr>
</table>

第四篇

劳动慧之意：教育论文

在实施劳动教育的过程中，从理论的提炼到实践的落地，一线教师和行政团队碰撞出了智慧的火花。本章从劳动教育在游戏活动的渗透、项目化学习、过程性评价，以及劳动教育的意义等方面展示了各园实施劳动教育的智慧。

浅谈劳动教育在幼儿园游戏活动中的有效渗透

东莞市南城第二幼儿园　纪俊琴

幼儿劳动教育是指指导幼儿在亲历实践和动手操作的过程中有目的、有意识地运用体力和智力改造外部世界，从而获得在劳动知识、劳动技能、劳动习惯、劳动意识和劳动情感等方面的发展的一种教育活动。《意见》明确提出把劳动教育纳入人才培养全过程，贯通大中小学各学段，贯穿家庭、学校、社会各方面，与德育、智育、体育、美育相融合。《意见》为劳动教育的开展指明了方向。《纲要》也强调：鼓励并指导幼儿自理、自立的尝试。随着当前幼儿园课程游戏化项目改革的持续深入推进，“以游戏为基本活动”得到了深入实践。幼儿园一日活动中的各个环节都蕴含着劳动教育契机。因此，在国家全面提倡劳动教育的大背景下，将劳动教育有效地渗透于幼儿游戏中，可以有效地避免幼儿对劳动产生抗拒心理，增强劳动教育的自主性、趣味性，提升教育教学的效果，对于提高幼儿园保教质量有重要的实践价值与意义。

一、以游戏为载体，在生活活动中渗透“四服务”

教育儿童，还要培养他们服务的习惯。小孩子是生来好动的，是以游戏为生命的。《指南》在社会领域指出“自己的事情自己做”“主动承担任务”。“四服务”劳动教育是以游戏为载体，通过创设安全舒适的心理环境，以直接感知、实际操作、亲身体验的学习方式，将劳动教育贯穿于幼儿园一日活动之中，围绕“服务自己、服务同伴、服务集体、服务社会”开展劳动教育，培养幼儿自主服务的意识。

1. 小班“两服务”，萌发兴趣

小班幼儿处于自我意识的萌发时期，往往以自我为中心，因此在小班幼儿生活游戏中，应围绕“服务自己，服务同伴”开展劳动教育。例如，开展“喂娃娃吃饭”“给娃娃穿脱衣服”等游戏，培养幼儿自我服务的技能；开展挂晾毛巾、摆口杯等自理能力比赛，让幼儿在游戏中萌发服务集体的兴趣。又如，幼儿洗手之后，水经常甩了一地，因此设计“小熊猫的大嘴巴”的游戏，引导幼儿在洗手之后，往熊猫的嘴巴里甩甩手，喂水给它喝，这样幼儿会爱上洗手，甩手后也不会滴得地面湿湿的。教师设计丰富、有趣的游戏活动，能更好地激发幼儿“自己的事情自己做”的热情，萌发幼儿服务自己、服务同伴的意识。

2. 中班“三服务”，产生责任感

中班幼儿处于自我意识的飞速发展期，因此在幼儿生活游戏中，除了“服务自己”，还要围绕“服务同伴、服务集体”开展劳动教育。例如，对于值日生活动，幼儿可以自主选择服务内容，也可以自由选择搭档，通过开展“优秀值日小组”评选活动，激发幼儿的服务意识。又如，开展“绘本馆图书整理”活动，在班级阅读角整理、修补书，将生活技能融入游戏中，让幼儿在游戏中学会劳动技能，初步培养其服务同伴、服务集体的责任感。

3. 大班“四服务”，激发自豪感

大班幼儿处于自我意识的加速发展期，其自我控制能力逐步提高，因此，围绕“服务自己、服务同伴、服务集体、服务社会”的“四服务”开展劳动教育。例如，以幼小衔接为出发点，开展“整理书包”“光盘行动”等自我服务比赛；开展“大扫除”“垃圾分类”等服务集体与社会的比赛，为进入小学做准备。又如，联合社区、敬老院等社会机构，结合重阳节、端午节开展大班幼儿服务社区活动，和长辈们一起制作五彩香囊、中草药香囊、粽子等。在端午节来临之际，幼儿还表演“赛龙舟”节目，让长辈们感受东莞龙舟之乡浓郁的文化色彩。在游戏互动中，幼儿学会尊老敬老爱老，萌发为社会服务的自豪感。

二、以游戏为中心，在主题活动中开设“劳动日”

《幼儿园工作规程》中明确规定：幼儿园的教育应以游戏为基本活动，寓教育于各项活动之中。幼儿的劳动教育具有游戏化、生活化的特点，因此，教师要设计多元化的劳动主题活动，创设良好的环境，以游戏为中心，激发幼儿劳动的兴趣与动机。结合幼儿的年龄特点，幼儿园通过开设“小企鹅劳动日”“安全巡查组”“玩具小管家”“大带小爱心护送队”“文明护卫队”“环保小卫士”六个劳动日主题活动，寓教于乐，让幼儿在学中玩，在玩中培养爱劳动的好习惯。例如，每周三开展的“小企鹅劳动日”，幼儿带着自己喜欢的劳动工具，如小桶、抹布、扫把等入园，在全园劳动环节，按照划分区域开展劳动，有的在捡落叶，拔杂草；有的在打扫卫生，擦拭楼梯扶手；有的擦洗玩具……幼儿在自由、自主、快乐中习得了劳动技能。又如，在大班“安全巡查组”活动中，按区域分为大型玩具区、攀爬区、种植区等巡查小组，幼儿穿着绿马甲，利用手机、笔记本记录在巡查过程中发现的安全问题，回到班里通过图片播放、记录讲解等方式，分享他们检查到的结果，提出他们的解决办法。在这个过程中，幼儿可以充分发挥主体地位，在真实体验中感受作为安全巡查员的自豪，并学会爱护幼儿园的公物。再如，“玩具小管家”劳动日，根据幼儿的年龄特点，开展玩具分类、玩具整理收纳、玩具清洁等活动，让幼儿学会爱护玩具，体验劳动的快乐。

三、聚焦角色游戏，在自主游戏中开发“劳作坊”

《指南》中指出：要珍视游戏和生活的独特价值，创设丰富的教育环境，合理安排一日生活。角色游戏是幼儿以模仿和想象，通过扮演角色，创造性地反映现实生活的一种游戏。幼儿园如同“小社会”，角色扮演的游戏方式可以让幼儿感受劳动的内在价值。在自主游戏活动中开发“劳作坊”，能有效地发展幼儿的社会情感、社会劳动技能。从社会意识的初步形成到社会性行为的形成，教师需要有效利用与规划空间，创设支持性环境，去支持幼儿的深度学习。

1.“悦劳”美食烹饪坊

角色游戏最适合幼儿身心发展的需要，是幼儿期最典型的、最有特色的游戏。“悦劳”美食烹饪坊，以“悦劳动之美，展劳动之乐”为理念，以做美食、尝美食、说美食为目标，在体验、探索、感知、创造中让幼儿学会珍惜粮食，体验劳动的愉悦和光荣。幼儿园根据场地的特征，开设了烹饪坊，分为水果乐园区、传统美食区、中华茶艺区等区域。其中，水果乐园区包含水果拼盘与榨果汁；传统美食区有糖不甩、粽子、艾团等东莞美食。活动中，在教师的指导下，幼儿有的自己动手切水果，制作水果拼盘或榨果汁，向当“顾客”的小朋友或老师介绍水果的营养，请“顾客”品尝，还不忘记叫“顾客”扫二维码付款；在老师的指导下，幼儿学习制作不同的美食，分享东莞特色美食。“悦劳”美食烹饪坊不仅让幼儿体验到了“一粥一饭，当思来之不易”，而且在角色游戏中锻炼了幼儿的动手操作能力。

2.“慧劳”农耕种植坊

陶行知认为，生活即教育。教师要让幼儿切实参与农耕种植，在生活实践中提升对农业劳动的认知。“慧劳”农耕种植坊，以“慧劳动之趣，品劳动之味”为理念，以“三慧”为目标，即“慧劳动、慧实践、慧分享”，利用幼儿园的种植园，让幼儿体验种植的快乐。实践中，根据幼儿年龄特点以及季节特征，引导其种植不一样的作物。第一阶段，“慧劳动”。教师从本班幼儿的兴趣出发，根据季节特征，秋冬两季选择种植果实长在土里的植物，如萝卜、花生、大蒜等；春夏两季选择种植番茄、茄子、豆角等作物。教师通过玩音乐游戏让幼儿扮演各种植物，在区角活动学习给蔬菜配对等培养幼儿探究的兴趣。同时，利用亲子调查问卷、社会实践、多媒体课件等方式，引导幼儿了解种植植物的特点。第二阶段，“慧实践”。为了帮助幼儿直观了解种植过程，教师以角色扮演的方式让幼儿通过区域游戏积累种植经验。开展“慧实践”种植活动，通过起垄、打窝、浇水、施肥、搭棚、捉虫、松土、除草、采摘等过程，让幼儿体验劳动与收获的乐趣。第三阶段，“慧分享”。将采摘到的蔬菜投放到生活区，幼儿通过洗、切、腌、煮将其做成美食并进行分享。为了让幼儿体验真实的“买卖与交易”，大班幼儿还开展了“蔬菜展销会”，幼儿扮演“小农夫”，将采摘的蔬菜摆摊售卖，在售卖给家长扮演的“买家”的过程中，还出现“买家”与“卖家”讨价还价的现象，场面十分热闹。幼儿亲自体验了游戏的快乐，了解到劳动最光荣。

3.“乐劳”职业工作坊

教育家陈鹤琴先生非常注重幼儿的劳动教育的培养，“做中教、做中学、做中求进步”是其“活教育”理论的基本方法。《纲要》强调，幼儿园应引导幼儿了解自己的亲人以及与自己生活有关的各行各业人们的劳动，培养其对劳动者的热爱和对劳动成果的尊重。“乐劳”职业工作坊，以“悟劳动之乐，传劳动之美”为理念，以“三乐”为目标，即“乐劳动、乐服务、乐成长”。为了帮助幼儿初步了解各行各业的特征，幼儿园开设“乐劳”职业工作坊游戏，幼儿在“浸入式”深度体验中，树立劳动价值观，培养良好的劳动品质。在游戏活动中，幼儿可以自主选择自己喜欢的职业，扮演各种角色，如扮演小交警指挥交通、扮演建筑师建造美丽房子、扮演理发师给“顾客”理发、扮演医生给“病人”看病、扮演快递员或外卖员送东西给“客户”等。有趣的职业工作坊寓劳动于游戏中，让幼儿在服务他人的同时，了解了各行各业的职业特征，体验了劳动者的辛劳，学会了尊重劳动者，从而培养了幼儿劳动的技能。

四、以游戏为主，在亲子活动中感受“家庭日”

《纲要》强调：幼儿园应与家庭、社区密切合作。劳动教育在幼儿游戏中的有效渗透离不开家园共育。幼儿园利用微信公众号、家长群等平台，在节假日不定期发布亲子“家庭日”的劳动清单，为父母高质量陪伴提供游戏指引与方法。例如，春节期间推出“家务活清单”，亲子制作“家务表”进行劳动记录，通过玩“厨房收纳师”学习食物分类并整理冰箱，玩“玻璃清洁师”在玻璃上涂鸦并清洗玻璃，玩“艺术摆放师”学习年货摆放并感受春节习俗，在玩乐中体验劳动的乐趣。又如，在“家庭日”开展“小鬼当家”游戏，当天幼儿可以选择扮演爸爸或是妈妈，通过角色互换，幼儿扮演“妈妈”在家里做饭、买菜、洗碗，或是扮演“爸爸”修理损坏的家具、种花。在角色扮演中，幼儿认识了劳动的价值并体现了自我价值，感受父母的辛劳，学会感恩父母。

劳动教育具有树德、增智、强体、育美、促新的综合育人价值。有效开展劳动教育，促进“五育融合”已成当前教育改革的趋势。在课程游戏化的背景下，幼儿教师应充分利用优质的教育资源，将劳动教育有效地渗透于幼儿游戏中，让幼儿在玩中初步掌握劳动的知识与技能，在学中培养良好的劳动品质与爱劳动的好习惯，体验劳动的乐趣与快乐，以促进幼儿的全面发展。我们在开展劳动教育时需要引导幼儿参与最质朴的活动，助推学前教育高质量发展。

参考文献

[1] 霍力岩. 幼儿劳动教育：内涵、原则与路径 [J]. 福建教育，2018.
[2] 陈虹. 陈鹤琴与活教育 [M]. 长春：东北师范大学出版社，2010.

基于项目化学习的幼儿园劳动活动实践研究

东莞市南城第二幼儿园　袁玲

《意见》指出，把劳动教育纳入人才培养全过程，与德育、智育、体育、美育相融合。要在学生当中弘扬劳动精神，教育引导学生崇尚劳动、尊重劳动，懂得劳动最光荣、劳动最崇高、劳动最伟大、劳动最美丽的道理，长大以后能够辛勤劳动、诚实劳动、创造性劳动。

一、相关概念的明晰

（一）项目化学习

项目化学习是一种动态的学习方法，是学生围绕复杂的、来自真实情境的主题，在精心设计任务、活动的基础上，进行较长时期的开放性探究，最终建构起知识的意义和提高自身能力的一种学习模式。本文中的“项目化学习”，指的是教师将幼儿的种植劳动项目化。

（二）幼儿园劳动教育活动

幼儿园劳动教育活动是基于幼儿身心发展特点和社会发展需要，有目的、有计划地向幼儿传授自我服务和集体服务的劳动知识与技能、树立幼儿良好的劳动习惯与劳动态度、培养幼儿热爱劳动和尊重劳动人民并珍惜劳动成果的集体教学活动，是幼儿积极主动地通过多种感官获得有益劳动经验的过程。本文中的“幼儿园劳动教育活动”，指的是教师指导幼儿从种植劳动着手培养幼儿的劳动意识，使其形成劳动习惯，提升劳动技能，珍惜劳动成果。

（三）基于项目化学习的幼儿园劳动教育活动

项目化学习的幼儿园劳动教育活动是借鉴基于问题的教学方法，打破课程的常规模式和学科界限，在劳动教育实践中，因偶发事件或幼儿感兴趣的事物开展的系列微型探究活动。

项目的主题由幼儿在劳动中的发现和问题衍生，与幼儿共同探讨，以项目为中心对问题链进行分化、放大、扩散，围绕项目进行自主探究，使幼儿学会观察、描述事物、提出问题、解决问题、交流观点、发现规律，最终形成见解。本文中的基于项目化学习的幼儿园劳动教育活动是指在开展劳动教育的过程中针对发现的问题，让幼儿自主探索解决。活动实施聚焦在“发现、体验、探究、感悟”这四个关键点上。发现是动力，在“玩中思”；体验是过程，在“玩中试”；探究是方式，在“玩中学”；感悟是目标，在“玩中得”。

二、当下幼儿园劳动教育活动的现状

当下幼儿园劳动教育活动普遍存在以下弱点：第一，劳动与生活脱节，呈现“碎片化”“浅表化”“割裂式”的样态。第二，劳动与教育分离。教师对劳动教育的认知存在“四多四少”的现象，即理念认知上教育多劳动少、组织形式上包办代替多主动放手少、方法路径上说教多策略少、活动安排上浅层劳动多系统设计少。第三，劳动教育体系不完善。当前，学前教育对于幼儿劳动教育的了解和研究缺乏全面性和深入性，幼儿园的劳动教育活动停留在表面认知上，背离生活本真，缺乏对劳动与生活关系的深入思考，脱离了“生活”这一实践场域，阻滞了幼儿劳动素养的自觉形成，也阻滞了劳动作为一个独立的教育论题被幼教工作者思考研究的进程。

三、幼儿园种植劳动项目化学习活动案例分析

以“发现萝卜叶上的洞洞”为例。

（一）项目来源

幼儿在班级种植区观察种植的萝卜时，在萝卜叶子上发现很多小洞，我们基于“萝卜叶子上的洞洞”生成了种植劳动主题下的项目化学习活动。

（二）确定驱动性问题

在发现萝卜叶子上的洞后，幼儿会产生“萝卜叶子上为什么会有洞洞”“什么样的虫子会让萝卜叶子有洞洞”等问题。

（三）项目思考

教师组织幼儿一起展开讨论：萝卜叶子上的洞洞是怎么形成的？怎样才能让萝卜叶子上的洞洞不再继续增加？幼儿通过语言、文字、图画、符号等进行记录，与小伙伴交流分享，生成了项目兴趣点，最终梳理出该活动的线索。

（四）项目目标

通过对幼儿感兴趣的问题的梳理，该项目生成让幼儿通过直接感知、亲身体验、实际操作积累经验的特别活动，确立项目活动目标：①在观察萝卜叶子的过程中，激发幼儿探究的兴趣。②在探究的过程中，让幼儿运用记录、讨论、合作等方式表达、聆听、记录、创编故事。

（五）活动线索

依据幼儿的问题、目标，生成“寻找萝卜叶子上的虫子”“菜地里的捉虫记”“如何赶走小虫子”等活动。

（六）学习活动

幼儿通过自主观察完整的萝卜叶子变成有洞的叶子的过程，找到了最初问题的答案——原来是虫子在捣乱。

班级第二次讨论：怎样保护萝卜叶子？幼儿纷纷发表自己的想法“我变成超人来保护叶子”“我家有小鸭子，小鸭子吃虫子，我把小鸭子带过来，把虫子吃掉”“我变成公主来保护萝卜叶子”“我觉得可以用防蚊贴”，等等。幼儿们都很积极地参与思考，进行讨论。教师用视频将幼儿的想法记录下来了，然后陪幼儿们一一去验证他们的想法：超人、公主保护不了叶子，虫子还是照样吃萝卜叶子；贴上防蚊贴的叶子虽然没有虫子，可萝卜叶子枯黄了；小鸭子吃虫子的同时也会吃掉萝卜叶子。验证之后所有的想法都没有奏效。

于是活动延伸至家庭，让父母陪同幼儿一起通过搜索资料收集保护萝卜叶子的妙招，如喷菜喜悬浮剂稀释液，用吡虫啉稀释液，用白酒加白醋稀释液……考虑到安全性，最后选择了用白酒加白醋稀释液的方法解决问题。

（七）项目感悟

在这个项目化学习活动中，师幼、幼幼间有大量的交流，幼儿的多元化表达推动了探究活动的开展，最终“发现萝卜叶子上的洞洞”的项目化学习活动走向了新的兴趣点：观察叶子上洞的形成及除虫带来的效果，从而开启了一场全新的探索，实现了从观察到主动探究的转变。幼儿在整个课程中，绘画能力、语言表达能力以及创编故事的能力都得到了提升。

四、幼儿园种植劳动项目化学习活动实施成效

在幼儿园种植劳动教育中，以项目化学习活动为主要的课程实施方式的研究使幼儿的成长、家校共育，以及园本课程建设均实现了梯度进阶。

（一）幼儿课程主体地位的凸显

在对萝卜的种植探究过程中，幼儿了解了萝卜生长各阶段的各种形态，也学会了在各个阶段如何照顾、管理萝卜，还学会了观察、对比、实验、记录的各种方法；在和同伴、老师、家长一起探究时，学习了如何与他人合作分工；在遇到问题的时候，幼儿能通过回忆、观察、比较发现线索，从而根据线索提出各种各样的假设或者猜想。

幼儿每天都乐意去看一看萝卜，主动为萝卜浇水、除草、施肥，这种发自内心对萝卜的栽培与喜爱体现了幼儿对生命的珍惜与热爱。而在长达几个月的等待过程中，他们付出了很多劳动，体验了田间劳动的乐趣与辛劳，懂得了“一分耕耘、一分收获”的道理。

（二）教师要倾听儿童的问题

教师应该倾听、发现幼儿的问题，对幼儿的问题进行价值判断，以任务为驱动，为幼儿提供真实问题情境，并选择合适的教学方式观察幼儿。评价幼儿

的活动情况是一个复杂、烦琐、专业化的过程。

本次活动是真实的、基于幼儿兴趣的，在活动中我们教师一直跟随幼儿的兴趣点，把主动权交给幼儿，与幼儿共同讨论、计划、探索、验证，从而增进了幼儿对种植活动的兴趣，提高了种植能力。

（三）幼儿园课程观的重塑

项目化学习活动伴随幼儿的自主探究过程逐渐完善、丰富，形成系列。在幼儿园种植活动中，现已涉及蔬菜类、水果类、中草药类等探究类型。每个项目包含项目来源、问题检索、项目思考、项目目标、活动线索、学习活动、项目感悟七个板块，课程建设思路呈现出完整性、系统性特点。

（四）家长成为课程助力者

活动的实施，让家长转变了观念，了解了幼儿在幼儿园的活动情况，并了解了幼儿园劳动教育活动的内涵，有利于家园合作。一次次有线索、有延续性的活动情况的反馈，一次次凸显幼儿探究过程的照片的呈现，家长清晰、直观、系统地了解了幼儿在幼儿园具体做了什么，怎么做的。在种植萝卜活动中，教师每次都将幼儿想到了什么办法，用了什么材料，遇到了什么困难，需要家长的哪些帮助等情况一一详细地在家长群里和家长沟通，使家长非常清晰地了解幼儿在幼儿园的生活，同时给予了帮助和支持。每一次幼儿带着问题和调查问卷回家，第二天，幼儿都能带回精彩的内容和其他小朋友分享。家长们积极地利用网络、书本和幼儿一起查阅资料，找出答案，推动了活动内容的继续进行。这在种植劳动课程资源开发中发挥了积极作用，为幼儿园整体课程的研究提供了新的研究路径。

参考文献

[1] 林克松，熊晴. 走向跨界融合：新时代劳动教育课程建设的价值、认识与实践[J]. 湖南师范大学教育科学学报，2020.

[2] 王连照. 论劳动教育的特征与实施[J]. 中国教育学刊，2016.

[3] 芦艳，潘海英. 幼儿园劳动课程项目化学习活动的实践研究——以哈

尔滨市香木幼儿园为例［J］. 林区教育，2022.

［4］康翠萍，龚洪. 新时代中小学劳动教育课程的价值旨归［J］. 教育研究与实验，2019.

［5］杨浪浪，陈燕. 75年坚持“爱劳动”：造就本土化小学劳动教育课程体系［J］. 中小学管理，2020.

［6］班建武. “新”劳动教育的内涵特征与实践路径［J］. 教育研究，2019.

［7］檀传宝. 劳动教育的概念理解——如何认识劳动教育概念的基本内涵与基本特征［J］. 中国教育学刊，2019.

浅谈过程性评价在幼儿园劳动教育中的运用

东莞市茶山镇实验幼儿园　张敏芳

过程性评价是指在活动过程中对幼儿学习过程中的表现和成果进行评价，它是一种促进幼儿学习成长的有效手段，具有“注重幼儿的自我评价”“强调幼儿的合作”“突出幼儿的体验”等特点。在幼儿园劳动教育中开展过程性评价，既能够提升幼儿对劳动的学习兴趣，促进幼儿身心发展，也能够促进教师更好地开展教学工作。本文将围绕过程性评价在幼儿园劳动教育中的运用进行阐述。

一、在综合劳动教育中融入评价

幼儿园劳动教育现状及存在的问题，主要表现为形式单一、内容单调、活动安排不合理等。其主要原因包括：教师缺乏对幼儿劳动过程性评估的意识，教学方式单一、传统，对幼儿劳动表现进行评价的机制不完善等。教师应转变评价理念，注重对过程的评估，关注幼儿在劳动过程中的行为以及劳动成效。

过程性评价不能单独进行，要将劳动项目和其他主题活动项目结合在一起，以使过程性评价更具备整体的优势。例如，在进行“幼儿园垃圾分类”活动时，教师让幼儿体验了如何分类后，可以让幼儿说一说自己的收获以及对垃圾分类的认识。这样的活动不仅可以让幼儿体会到劳动带来的快乐和成就感，还可以加深幼儿对劳动的理解。再如，在进行“亲子手工”活动时，我们组织幼儿收集家里的废旧物品等进行手工制作，同时让家长参与其中。这一过程既让幼儿体会到了劳动带来的快乐和成就感，也让家长体验到了亲子劳动带来的教育意义。

以主题性劳动教育为核心，以幼儿“自主参与、探索、感悟”的方式在环境中建构经验，以教师“创设环境、活动组织、观察引导”为流程，形成综合性的过程性评价。

二、在幼儿的日常劳动活动中融入评价

在幼儿的日常生活中，教师应注重培养幼儿的劳动兴趣，把评价落实于幼儿的日常生活之中。让评价活动系统化，即在整个劳动教育中贯穿评价，不能只是在一个环节中评价。只有这样才能使幼儿在整个活动中获得有效的评价，从而提高学习兴趣。

以日常生活“种植”活动为例，教师引导幼儿主动参与到劳动中，并用记录表等方式对幼儿的劳动过程进行记录。教师可以设置“我种了什么”的记录表，用来记录幼儿的整个种植过程，包括选种、播种、浇水、施肥等；同时，教师也可以给幼儿播放种子发芽的视频和照片。在“种植”活动结束后，教师还可通过家长会、班级群等平台，将幼儿在整个“种植”活动中的表现反馈给家长们，并鼓励家长们积极配合幼儿的劳动活动。

首先，要及时观察幼儿在劳动中的行为。幼儿作为劳动教育的主体，具有主动性、创造性和自主性，教师应该尊重这一特点，在幼儿的日常活动中贯穿评价，及时发现幼儿在活动中所展现出的积极情感、行为特点和个性品质，并及时肯定幼儿，同时向家长反馈这些信息。

其次，要充分发挥家长对幼儿劳动指导的积极作用。家长工作是幼儿园中最重要的教育资源，家长对幼儿劳动的积极评价不仅可以激发幼儿参与劳动活动的积极性，也可以加强教师对幼儿的理解和支持。在日常活动过程中，教师可以通过观察、交谈等方式来了解幼儿在活动过程中表现出的兴趣以及能力，

从而为更有效地为劳动教育评估提供参考依据。

最后，鼓励幼儿自主发现和解决问题。教师可以给幼儿一些小任务或小方法，让幼儿自己去解决。例如，在一个大班的劳动教育活动中，教师引导幼儿按照活动目标提出了不同层次的问题："你们认为谁能够想出解决这个问题的方法？""你们有什么好的办法？""你还有什么好的方法吗？"在教师的引导下，幼儿通过实践，得出了许多解决办法。例如，有的小朋友说"我会用纸制作漏斗""我们可以将管道弯曲"等。

三、始终贯穿劳动教育的过程性评价

过程性评价要长期化，它是一个连续的、动态的过程，不是一蹴而就的。对幼儿的评价要以鼓励支持为主要方式，让幼儿在积极参与和体验的过程中，获得积极的情感体验和良好的发展。因此，教师要关注幼儿在劳动教育中的行为，对幼儿进行有效评价，使评价贯穿于整个劳动教育当中。例如，教师可以根据幼儿参与劳动的次数、完成成果的质量来判断其某段时间劳动能力的发展情况。

四、将劳动教育与幼儿发展相结合的过程性评价

过程性评价指的是从关注结果向关注过程转变，把幼儿作为主体，从评价的内容到评价的方式，都要体现出以幼儿为本的教育理念。

1. 从以结果为导向转向以过程为导向，以培养幼儿的劳动核心能力为重点

在幼儿园劳动过程中，教师对幼儿劳动能力的评价，一是要全面，二是要考虑幼儿的年龄特征。例如，根据《指南》的要求，我园针对幼儿的年龄和行为特征，采用日常行为评价、小组自评等方法，对幼儿的生活自理能力、劳动意识、劳动态度等方面进行了评价。因此，对幼儿的劳动能力进行评估，应该把过程评估作为一个切入点。

2. 重视幼儿劳动兴趣，培养幼儿情感体验

幼儿劳动教育不仅要注重培养幼儿的劳动能力，更要注重培养幼儿劳动

的情感品质。幼儿园劳动教育应以培养幼儿热爱生活、关爱他人为目的，以培养幼儿健全的人格为价值取向，以提高幼儿身体素质、提高生活技能、培养情感态度等为主要目的。教师可将其分为不同层次，由小到大依次为生活自理方面、安全卫生方面、服务他人方面等。

3. 总结反思的作用

通过幼儿成长档案，评价的前、中、后期记录的数据变化，幼儿行为观察记录，教师的劳动教育反思，教师的教育随笔，家长的参与与评价反馈等形式，对劳动教育的有效性和幼儿发展展开全面的过程性评价，摒弃了目的性评价只看结果而缺乏过程，不能全面、真实地反映幼儿能力提升和个性品质发展过程的弊端。同时，幼儿、教师、家长共同参与评价过程，也为教育的有效性提供了更多面、更立体的反馈依据，从而持续对劳动教育的进程进行修正，使教育更加细化，更好地为教学服务。

五、让劳动教育成为一种生活方式

幼儿园劳动教育作为一门重要的实践性教育，通过让幼儿在实际的劳动活动中体验生活、锻炼能力、获得经验，使幼儿建立正确的劳动观念，养成良好的劳动习惯，形成积极的劳动情感，学会自己的事情自己做，学会生存，学会共同生活，从而为幼儿的终身发展打下坚实的基础。因此，要使幼儿真正成为“主人”，就要对幼儿的自我管理与照顾能力进行培养，使独立成为一种自觉的生活方式。而对幼儿劳动过程进行过程性评估，是促进幼儿全面发展的一种重要方式。

参考文献

［1］范卿泽，赵文朝．劳动教育的时代价值、发展经验与实践策略［J］．人民教育，2020.

［2］廖丹丹．劳动即教育——浅谈幼儿园劳动教育实践［J］．考试周刊，2021.

德育视角下幼儿园劳动教育的意义及实施策略

东莞市东城城市花园翰林童爱幼儿园　黎娟

新课改背景下，幼儿园教学目标不断改革与创新，越来越注重幼儿德智体美劳的全面发展。在幼儿园各项活动中，劳动教育活动具有十分重要的德育价值。因此，教师应该把培养幼儿正确的劳动价值观和劳动素养作为主要目标，指导幼儿在劳动过程中，培养幼儿敢于实践、乐于创新的精神，让其体会到劳动带来的幸福感和成就感，在与同伴讨论、沟通、协商及合作中发展幼儿的优良品质和综合素养。

一、德育视角下幼儿园劳动教育的意义

（一）幼儿园劳动教育有益于幼儿形成优良品格

翰林童爱幼儿园十分重视劳动教育，不仅在园本课题“课程游戏化背景下的幼儿园园本劳动课程的实践研究”中通过一日生活渗透，还在特定情境中，从幼儿对自身日常生活经历的逐步感知和一系列理论性知识的学习中，使其逐步认识了劳动，渴望参与一系列的劳动任务。此种形势下，对幼儿进行劳动教育切实可行，幼儿通过劳动教育，能进一步形成吃苦耐劳的优良品质，在实践中克服懒惰，变得越来越独立，形成更多良好的品质。

（二）幼儿园劳动教育对促进幼儿自我照顾能力的提升意义重大

伴随人们生活水平的逐步提升，更多幼儿在长大的过程中备受家长和长辈

疼爱，其衣食住行都依靠家长照料。所以，许多幼儿在幼儿园的学习生活中，未掌握基本的生活自理能力。但是，在进行劳动教育的过程中，可以让幼儿对劳动的重要性有更深层次的理解，从而可以对劳动的意义产生全新的认知，让幼儿懂得珍惜劳动成果，知道动手实践可以为社会和自己的生活创造出更多的劳动价值。与此同时，在劳动教育的作用下，幼儿的自理能力不断增强，并在生活中掌握一些最基础的技能，实现为自我服务的目标。

（三）通过进行劳动教育能发展幼儿的社会适应能力

在进行幼儿劳动教育的过程中，应使其知晓若要完成一项劳动任务，则要进行分工合作。在与同伴合作的过程中，可以友好交流，相互帮助，相互鼓励，从而形成友谊，这对培养和提升幼儿人际交往能力有很大的帮助。教师要用劳动教育的方式，让幼儿对不同职业的劳动有更多的认知，促使幼儿对社会各种角色产生深刻印象。同时，教师可以组织一些角色扮演活动，让幼儿体会到教师、医生、售货员等职业的意义，使其更深刻地体会劳动者所面临的艰辛，从而培养出良好的行为习惯。

二、德育视角下幼儿园劳动教育实施策略

（一）结合传统节庆，领悟劳动价值

幼儿不仅要了解相关理论知识，还要在实际操作中，全面地提升实际操作能力，增强头脑和双手齐用的能力，在一些“巧手”的活动中树立信心。实践活动能让幼儿获得成就感。

例如，传统节日来临时，教师会积极地组织幼儿参与传统节日主题活动，将劳动与传统文化相结合，培养幼儿勤劳、进取的价值观。每到端午节，教师都会组织“包粽子”的活动，用照片、视频等方式记录活动过程、幼儿与同伴一起包粽子体验传统节庆的快乐。当然，教师也可以给幼儿讲解端午节的由来，或者给幼儿讲一讲小故事。以多种形式开展活动，培养幼儿对“劳动”的认知。再如，在元旦、元宵节等节庆活动中，教师会事先做好准备，让幼儿在

家中写春联、包饺子等，进行一些简单却不失趣味的劳动活动。二十四节气是中华民族传统的时间和气象计时方法，每个节气都有其特定的意义和文化内涵，如在立夏时让幼儿动手制作艾草包送给家人，在小暑的时候制作凉茶，让幼儿消暑或送给朋友等。我们会根据不同节日安排劳动活动，这样不但能提升幼儿的动手能力，还能让其意识到劳动的价值，了解各种节日的意义，树立以劳为德的正确观念。

（二）家园共同教育，提升劳动能力

家长的文化素养以及专业技能都是幼儿园教育的潜在资源，如果能够将家长的专业知识应用到劳动项目实践中，则可切实丰富幼儿劳动资源。所以我们采取“家长助教”的方式，每位家长作为义工，参与到幼儿园的劳动教育中，从过去的“看客”转变为参与者，和教师一起工作，参与到劳动教育活动中。

比如，从事与剪纸有关的工作的家长拥有剪纸的经验和技巧，我们就会邀请幼儿家长与其他家长进行交流，并进行讨论，让更多的幼儿及其家长了解到民间剪纸的特征以及剪纸的要点。再比如，在六一儿童节即将到来时，我园会举办一系列的亲子体验活动，并邀请像柳编传人这样的民间手工艺者，在幼儿园进行现场表演。此外，为了让更多的家庭参与到这一活动中，教师还不断地拓展幼儿互动方式，调动幼儿家长参与的积极性，利用生活中的各种资源，对传统手工制作的知识和技巧进行全方位探索，并将其与实际生活相结合。在此过程中，家长与幼儿不仅加深了对劳动的理解，还激发了动手创作的欲望，幼儿在动手实践中体验劳动，并体会到了胜利的喜悦。可见，采用“家园互动”的方式，能促进幼儿园新型劳动教育模式的产生和发展。

（三）组织多元活动，体验劳动过程

首先，通过与区角活动相结合的方式，提高幼儿对劳动的兴趣。针对幼儿生活自理能力和劳动能力相对较弱、劳动观念不强等问题，我们会采取多种手段设计劳动教育活动。例如，我们教师会在角色区建立“娃娃家”，并指导幼儿在“娃娃家”里扮演喜欢的角色，为娃娃穿衣，喂娃娃吃饭，晾晒娃娃的衣服等。再如，在进行幼儿区域活动时，教师会指导幼儿学习如何安全地运用铁锤、钉子等工具，为幼儿设置玩具组装区、维修区，让幼儿通过拆卸、组装玩具，感受到工程师的工作特性等。又如，幼儿教师可通过室外游戏来进行劳动教育，以培养幼儿的劳动技能。这一过程中，幼儿教师需要为幼儿准备一些器材，如纸箱、轮胎、台阶、攀爬用的障碍物以及平衡木等，让幼儿自己动手去做。在游戏中，幼儿可以有创意地进行拼装，在游戏完成后，幼儿会将游戏中的道具整理好，再回到游戏中的工具间进行下一步骤的操作。幼儿在劳动过程中，不仅能培养出遵守规则、热爱劳动的良好习惯，而且能够增强劳动能力。

教师还会利用“一日生活”活动来指导幼儿形成劳动习惯。例如，在自由活动时，指导幼儿去花园的角落里浇水；饭后指导幼儿自觉地把桌子上的剩菜剩饭都收拾干净，并协助保育员把桌子擦干净，摆好盘子和水杯；等等。简单的劳动行为既可以使幼儿体会到劳动带来的快乐，又可以使幼儿形成主动劳动的积极性。

综上所述，为了贯彻立德树人的根本任务，幼儿园开展劳动教育，教师需要引导幼儿在参加劳动的过程中对劳动产生浓厚的兴趣，使幼儿体会到劳动的乐趣，从而形成一种热爱劳动及爱护自己劳动成果的品质。所以，教师要积极地组织多样化的劳动活动，并获得家长的支持，形成家校共育的模式，将劳动教育渗透到幼儿的一日生活中，从而让幼儿在潜移默化中形成良好的劳动品质。

参考文献

[1] 廖仙，王国超. 农村幼儿园劳动教育的价值及实践路径探析[J]. 桂林师范高等专科学校学报，2022.

[2] 张龙宇，何奕馨，王瑜银. 新时代幼儿园劳动教育：可为、难为与何为[J]. 内蒙古师范大学学报（教育科学版），2022.

[3] 朱继文. 从新课标反观幼儿园的劳动教育[J]. 工会博览，2022.

劳动教育融入幼儿园游戏化课程的实践

东莞市高埗贝欣幼儿园　尹思梦

游戏化课程是将幼儿的兴趣和需要作为教学的核心，以游戏活动的形式开展教育教学，让幼儿在实践中增长知识、学习技能、培养品质。劳动教育作为幼儿教育的重要组成部分，已经有越来越多的教育工作者开始对幼儿劳动教育进行研究开发。依照幼儿的年龄特点，把幼儿劳动教育融入幼儿园的游戏化课程既满足了幼儿的兴趣需要，又提升了教育的效果，还培养了幼儿的劳动品质。

一、劳动教育融入幼儿园游戏化课程的重要性

《中华人民共和国教育法》指出：教育必须为社会主义现代化建设服务，为人民服务，必须与生产劳动和社会实践相结合，培养德智体美劳全面发展的社会主义建设者和接班人。在幼儿启蒙阶段，养成好的劳动习惯，培养好的劳动态度，形成好的劳动品质，能为幼儿一生的发展打下坚实的基础。《纲要》中指出：幼儿园教育应尊重幼儿的人格和权利，尊重幼儿身心发展的规律和学习特点，以游戏为基本活动。传统的劳动教育存在碎片化、随机化、浅表化、任务化的现象，忽视了劳动与教育的相融合、劳动教育与幼儿的一日生活相结合。而幼儿园一直坚持“一日生活皆课程”的原则，劳动教育融入游戏化课程正是结合幼儿年龄特点、学习特点和兴趣特点培养幼儿劳动能力、劳动态度和

劳动品质的体现，也是培养幼儿良好行为习惯的重要途径。因此劳动教育融入幼儿园游戏化课程能有效促进幼儿德智体美劳全面发展，对幼儿未来成长和发展有着积极的影响。

二、劳动教育融入幼儿园游戏化课程的原则

由于3～6岁幼儿发展的特殊性，劳动教育融入幼儿园的游戏化课程应遵守以下原则。

（一）趣味性原则

“游戏”是游戏化课程的核心。既然是游戏，那么趣味性原则便是不可缺少的。劳动意味着付出，有时还伴随着辛苦，如果不科学组织，就可能会出现为了劳动而劳动的情况，从而使劳动教育成为幼儿的负担，造成南辕北辙的结果。因此教师在开展实践活动时应当多花心思，精心设计。例如，针对小班的“种橘子”活动，教师可以开展剥橘子皮的比赛，幼儿以小组为单位，教师计时及记录，幼儿既了解了橘子的结构，又锻炼了动手能力和团队意识，还可以通过绘画、动手制作关于橘子的美食等活动，激发幼儿的创造力和参与热情。

（二）生活性原则

陶行知说：“生活即教育。”为了让幼儿能真实地体会劳动的价值和乐趣，教师应积极将劳动教育与幼儿的一日生活相结合。幼儿园的生活活动包括入园、盥洗、进餐、如厕、喝水、午睡、离园等环节。在入园环节幼儿可以进行整理图书、整理书包、照顾植物等劳动活动，在进餐环节可以让幼儿进行分发餐具、洗手、擦桌子、自主收拾等活动；在午睡环节幼儿可以进行铺床、脱衣服、叠衣服、穿脱鞋子、叠被子等活动。这样，让幼儿在一日生活中习得劳动技巧，养成良好的劳动习惯。

（三）针对性原则

我国古代便有了“因材施教”“有教无类”的教学理念。其实践价值在于对个体差异性的尊重和对教学针对性的落实。幼儿的性格、性别、成长环境、

教育背景等存在较大差别。就劳动能力而言，有的幼儿能很快地学会扣纽扣；有的幼儿能扣好，只是比较慢或是扣子与孔错位；有的幼儿就是扣不进去。因此教师应尊重幼儿的个体差异，可以在区域增添锻炼手部精细动作的材料，也可以让能力强的幼儿与能力弱的幼儿结对，使其互相学习，互相帮助。在过程中，教师要积极肯定幼儿的劳动成果，帮助幼儿树立坚持不懈的劳动态度。

（四）实践性原则

苏霍姆林斯基说："儿童的智慧在他的手指尖上。"在游戏化的课程实践中，只有让幼儿真正地参与到游戏中去，才能让理论知识发挥实践价值。例如，在中班的"小鸭子"活动中，教师让幼儿轮流照顾小鸭子，并记录照顾的过程。在照顾过程中幼儿了解了鸭子的习性，萌发了热爱小动物的情感，并在不断实践和探索中培养了劳动品质。

（五）共融性原则

幼儿的发展具有整体性，强调各领域之间的相互融合。劳动教育融入游戏化课程并不是单一地以游戏的方式学习劳动技能，而是应该探索儿童全面发展的教育目标，通过适宜、多样、丰富的活动来实现。例如，在中班的"木瓜知多少"活动中，教师根据幼儿的兴趣，跟幼儿一起生成了一系列的有趣课程，如"数木瓜"属于科学领域、社会领域，"摘木瓜"属于科学领域、社会领域、健康领域，"木瓜恰恰恰"属于社会领域、艺术领域，"种木瓜"是劳动实践活动等。各个领域间既有侧重又有融合，推动幼儿在各领域的技能与品质的发展。

三、劳动教育融入幼儿园游戏化课程的策略

《意见》中指出：整合家庭、学校、社会各方面力量。家庭劳动教育要日常化，学校劳动教育要规范化，社会劳动教育要多样化，形成协同育人格局。劳动教育融入幼儿园游戏化课程的过程中应整合家庭、学校、社会各方面的力量，一起探索一条适合的、多样的、有趣的、丰富的幼儿劳动教育道路，实现幼儿的全面发展。

（一）教师全面培训，树立劳动教育游戏化理念

将劳动教育融入幼儿园游戏化课程，幼儿教师需要全面理解劳动教育和游戏化课程，并且能针对游戏化的劳动教育的独特价值进行有效的教学。幼儿园可以根据教师的专业能力、教学能力及创新能力把教师分为实验组、骨干组、青年组来进行分层培训。实验组的教师由业务园长培训跟踪，主要从评价各种劳动教育游戏化的措施入手，将先进的教育理念带给教师，将理念与劳动教育相结合并设计出适宜的教学方法。青年组的教师由教研组长培训跟踪，可先从劳动教育的概念与目的、劳动教育融入游戏化课程的意义入手。这样，通过不同层次的培训，满足幼儿教师的学习与成长需求，为游戏化的劳动教育效果奠定良好的基础。

（二）创设适宜的教育环境，培养幼儿的劳动兴趣

在园内实践以劳动教育为主题的游戏化课程，首先要为幼儿创设生动有趣的游戏环境，让幼儿主动参与活动。例如，在种植区准备趣味性的洒水壶，适合幼儿操作的锄头、钉耙，适合探索的放大镜、尺子，不同种类的种子等，让幼儿动手操作，体验劳动种植的过程，感受劳动的喜悦。对于不同年龄段、不同能力的幼儿还可以在班级创设不同的区域，有针对性地培养幼儿的劳动兴趣。又如，小班可以投放衣服、袜子等，让幼儿根据图示叠衣服、叠袜子等；中班可以创设编绳区，投放不同的绳子、编绳图示等，培养幼儿的精细动作能力；大班可以创设剪纸区，投放剪刀、纸、笔、剪纸图示等，让幼儿动手操作，并结合自己的生活经验创作出不同的作品。

（三）生成劳动课程，培养幼儿劳动能力

生成性的劳动课程以幼儿兴趣为内在驱动力，教师主要负责敏锐地捕捉教育契机，在活动中适时引导、支持幼儿，培养幼儿的劳动能力，推动生成性劳动课程的发展。例如，幼儿园的桂花开了，小朋友看见后产生了浓厚的兴趣，教师捕捉到教育契机，根据幼儿的问题开展了“数桂花”“摘桂花”“做桂花糕”“种桂花”“做桂花香包”等活动。教师在活动中应适时给予引导和指导，帮助幼儿通过实际操作、直接感知、亲身体验学习劳动技能，提升劳动能力。

（四）挖掘劳动教育资源，丰富幼儿劳动经验

劳动教育资源的多方位挖掘，能帮助幼儿丰富劳动经验，具体可以从以下几个方面入手。

1. 一日生活

劳动教育从日常生活点滴小事开展。幼儿园可以把生活活动细节化、规范化，根据一日生活流程挖掘每个时间段的劳动内容。

2. 社区资源

社区是进行劳动教育比较好的资源。有的社区有敬老院、超市、农场等，这些都是可以挖掘的资源。例如，进入社区超市进行购买体验或进行售货员体验，感受劳动的辛苦等。

3. 传统节日

可以利用传统节日提高幼儿的劳动意识。例如，元宵节做元宵、做灯笼；端午节包粽子；中秋节做月饼；重阳节为老人捶背、扫地、送温暖；等等。

4. 园本特色活动

可根据幼儿园的实际情况进行关于劳动的特色活动。例如，幼儿可以自主劳动，服务他人；教师可以创设小小环卫工、小小邮递员、小帮厨、爱心天使等不同的角色，让每个幼儿都成为幼儿园的主人。教师通过引导幼儿参与劳动，让幼儿收获劳动成果，体验收获的喜悦。

（五）家园衔接，促进幼儿成长

家庭教育应坚持与学校教育一贯性的原则，让家庭、幼儿园形成合力，共同促进幼儿的成长。家长在家庭中要配合教师积极开展劳动教育，让幼儿积极参与力所能及的家务劳动。一方面，家长要了解幼儿在园参加劳动的情况；另一方面，教师要根据幼儿参与劳动的情况提出可行性的建议，鼓励家长在家多为幼儿提供劳动的机会。家园及时沟通，共同对幼儿进行适宜的劳动评价，帮助幼儿在劳动中获得成就感和幸福感。

总之，劳动教育融入游戏化课程是教育改革发展的方向，是符合幼儿发展目标的教育实践。同时在实践中，教师应充分做好安全措施，保障幼儿安全。

面对不断更新的教育理念，教师要不断学习，提升自己的专业能力，最大限度地支持幼儿的学习和发展，以保证教育效果。

参考文献

[1] 赵霞. 幼儿园融入劳动教育的实施路径 [J]. 当代家庭教育，2021.
[2] 唐丽颖. 浅谈劳动教育在幼儿园教育中的实践研究 [J]. 科学咨询（科技·管理），2020.
[3] 赵巧梅. 幼儿园劳动教育的价值及实践策略 [J]. 甘肃教育，2022.
[4] 俞沈江. 爱上劳动 点亮未来：幼儿园劳动教育课程实践 [M]. 上海：华东师范大学出版社，2022.

幼小衔接的家园联动劳动教育实践研究

东莞市阳光幼儿园　张丹娜

一、专业引领

在纪俊琴名园长的工作室带领下，我们开展了“基于生活化的幼儿园劳动教育的实践研究”课题，针对大班幼儿幼小衔接问题，开展幼小衔接家园联动劳动活动，指导家长帮助幼儿做好小学的入学准备。

二、成立专项教研团队

我园以工作室成员张丹娜副园长为组长，以工作室网络成员黄群英、叶敏仪、全志芬老师为副组长，以三个级部教研组长为组员，此专项教研团队为本次课题的开展提供了专业的团队保障。在纪俊琴名园长工作室的带领下，我们组织了各班班主任，联合家委及中心小学一、二年级个别有经验的教师进行联合教研，以座谈的形式探讨出适合的活动内容。

三、制订适合幼儿年龄段的劳动内容

幼儿在各个年龄段的能力会有差别，因此需要挑选适配其年龄特性的家务活动，让幼儿能够胜任。

三岁：幼儿的语言能力已经发展到一定阶段，可以和成人进行顺畅的沟通，成人也可以通过语言指导幼儿进行些许家务劳动。

四到五岁：幼儿的身体协调性有了显著的提升，他们已经有能力参与更多的家庭事务，如清理桌面、整理餐具、扫拖地面、自行将用过的餐具送至厨房、自我整理床铺、细心照料花卉以及为宠物提供食物等。

六岁：幼儿不仅能熟练执行之前的工作任务，还能学习整理居室、整理物品，并在父母的辅助下清洁餐具，为第二天上学做好准备。

我们可以通过检测幼儿能否根据指示顺利完成某项工作来评估这份工作是否适合他。我们可以从简单的工作开始，逐步增加难度和复杂度来帮助幼儿选择劳动内容。

四、在园内开展劳动类的整合主题活动

1. 以“工作小达人”作为幼儿园劳动教育的一个切入口

在区角提供适合的劳动工具和生活用品给幼儿，让他们在真实的生活环境中获得练习的机会，这样一来就可以帮助幼儿获得一些基础的自理和生活技能，进一步培养幼儿良好的生活和劳动习惯。

2. 渗透在幼儿的一日生活中

教师需要巧妙地运用教育契机，将劳动教育有机地融入其他学科的学习过程中，通过一系列生动且吸引人的实践活动，让幼儿去感知、观察和体验，去学习、实践，逐步培育幼儿对劳动的热爱，并使其形成良好的劳动习惯。这不仅对幼儿的身心发展有益，也可以为幼儿后续顺利进入小学，甚至是步入社会做好准备。

3. 在教师层面看收获

“工作小达人”是一个属于社会性主题的学习活动，幼儿经常会接触到的身边的各种职业。主题形式的学习活动，可以引起幼儿的观察、思考及探索欲望，通过这样的活动，幼儿可以了解父母的职业，了解幼儿园里的职业，了解身边的人的职业。幼儿对社会上的职业分类以及工作内容有了初步的认识，也通过体验活动了解了工作的辛苦之处以及职业的幸福感，这对培养幼儿成为一个合格的社会小公民能起到很大的作用。

幼儿从认识了解身边的各种职业到初步体验各种工作的辛苦和快乐，学会尊重各行各业的工作的人的劳动成果，并对社会上的各种工作产生兴趣和探索的欲望，对自己的未来充满期待，并能感受未知的神秘。这能让幼儿在活动中发挥自己的主导权，也能让幼儿在成长中逐渐形成正确的人生观。

4. 从家长层面看收获

通过幼儿园开展的“工作小达人”的主题活动，通过教师多种形式的组织与引导，家长明显感受到幼儿对社会各种职业的认知度均有提升。家长曾经为了如何激发孩子对未来的梦想规划而迷茫，也为了如何提高孩子的生活自理能力而焦虑。在“工作达人”这一主题活动中，教师给了孩子一个很好的学习契机，在对厨师、教师、消防员等不同职业的角色扮演游戏活动中，幼儿心中那一颗小小的有关自己梦想的种子已经种下。幼儿回家也会跟家长分享以后要做什么工作、成为什么样的人，这是幼儿对未来规划能力的萌芽，也大大地鼓舞着幼儿积极参加各类家庭劳动，让其成为更有价值，更有能力的人。我们期待幼儿的愿望种子就此萌芽，逐渐成长为高耸入云的大树并结出累累硕果。

五、营造良好的家庭劳动环境并提供策略指引

小学与幼儿园相比，最明显的不同是学生的数量有所上升，教师的人数却在下降。这就需要幼儿学会独立完成一些简单的任务，而不能总是依赖教师。这就意味着幼儿必须有一定的自我管理的能力。作为专门从事幼儿教育的教师，我们和家长共同努力，通过每周的引导，共同营造良好的家庭劳动环境，提高家长在家中培养幼儿的能力。下列策略可以用于激励幼儿做家务。

1. 允许孩子“把事情弄糟”

许多家长反对让幼儿参加劳动，主要是因为担心幼儿可能会制造麻烦。他们认为这样做不过是浪费时间，然而，让幼儿有机会“搞砸事情”就等于给幼儿犯错误的机会，也就是允许幼儿按照自己的思维方式去处理、操作事物，也只有这样幼儿才可能会有新的发现和成长。

在幼儿犯错后家长可以和他一起讨论“为什么会变成这样？”“哪里出了

问题？”“我们可以怎么做？”，使幼儿察觉到大人们对他的理解与支持。这样他就能更加充满信心地去做好事情，不怕出错。家长也可以思索一下问题所在，是不是任务超出了幼儿的能力范围，或者幼儿只是想尝试其他的方法。

2. 教给幼儿正确的方法

通过掌握劳动技能，幼儿的工作效果与效率都能得到提升。每项任务都需要遵循一定的步骤和策略，家长可以示范操作，解答幼儿的疑惑，并协助他们熟练掌握技术。例如，在打扫的过程中，我们应先从高处向低处、从内向外进行，并将垃圾堆积在一起，等等。要注意沟通的方式，不要使用命令式的沟通模式，和幼儿共同探讨能使学习效果更佳。

3. 和幼儿一起确定合理的目标

我们应该教给幼儿开展工作的方法，并挑选出适合幼儿的家庭任务。制作一个包含幼儿能够独立完成的任务的表格，将其贴出，让幼儿有权挑选本周要负责的家务。（切忌一次性做过多，量力而行即可）

4. 让劳动变得有趣

若想让幼儿对做家务保有热情，那就得让这份劳动变得有吸引力。例如，就清扫地板而言，可以使用彩色胶纸在地板上标记出一个小区域，作为“垃圾的栖息地”，让幼儿将垃圾“驱赶”至此。而我们也要为幼儿提供适当的支持，如提供合适的清洁工具等。

5. 恰当使用鼓励

为幼儿建立一个合适的行程，将其需要完成的任务画成一个表格，一旦一项任务顺利结束，就给予幼儿一颗小红花作为积分奖赏；一旦所有任务都完成了，就给予幼儿一个其渴望的适当的礼物作为奖励。

简而言之，家长应该运用恰当的方式，激发幼儿对劳动的热情，引导幼儿学习劳动技巧，体验劳动带来的满足感，并在劳动中促进幼儿的学习与发展。

6. 家长可以这样引导

家长应该根据幼儿的年龄特点和具备的技能，让他们有选择地去做自己力所能及的家务，并与幼儿共同商讨他可以做什么，愿意做什么，并与幼儿一起做好计划。

首先，向幼儿教授相关的家务技巧，以便他们能感受到成功的喜悦。做家务是需要相应技能的，所以家长应该有耐心，细致地进行示范和讲解，让幼儿理解如何做和那样做的原因。其次，与幼儿共同做家务，共享亲子劳动的快乐。和家长一起工作可以增加幼儿的兴趣，加强亲子间的亲近感，培养团队精神。最后，为了使幼儿意识到做家务并不是负担，而是有价值的事情，家里需要营造一个赞美劳动成果的文化氛围，如爸爸赞美妈妈“做的菜味道很好”等。

7. 注重发挥幼儿的自主性

在日常生活里，我们需要重视让幼儿自己处理着装、饮食、居住和出行等各种事务并重视相关能力和习惯的培养，逐渐引导幼儿从父母或其他大人的庇护中获得自主的能力。例如，触发幼儿对于校园生活常识的了解，教导他们爱护和整理自己的书包、课本、画册、文具以及玩具；帮助幼儿学会使用剪刀、铅笔刀、橡皮以及其他各种工具，如学习削铅笔；激励幼儿完成一些大家都熟知的任务，掌握基本的劳作技巧，如开关门窗、打扫卫生。此外，我们需要培养幼儿对于时间的认知能力，使幼儿明白在相应时间段内应该做的事情。如在规定的时间内，安排幼儿计划性地完成一些任务，如去卫生间、喝水或者准备下一步活动所需的物资等。

六、阶段性成果

幼儿经过一年的家园联动劳动教育活动，自理能力以及班级、家庭服务意识在整体上有所提高，不但能做好自己的事情，也能在班级活动中贡献一分力量。例如，做好值日工作，帮助老师收拾摆放户外体育器械；在家里能发挥小主人翁的精神，帮助长辈择菜、摆放碗筷、收拾自己的房间、叠放衣服等。今年九月，孩子们顺利进入小学开始新生活，我们聆听了家长和部分小学教师的反馈，得知了我们阳光幼儿园的孩子能胜任小学值日生的工作，做到游刃有余，顺利衔接。自主、自律使他们不仅可以照顾自己，还能把更多精力用于学习。由此可见，科学的幼小衔接劳动教育活动在学前阶段是非常重要的。

参考文献

[1] 俞沈江. 爱上劳动 点亮未来：幼儿园劳动教育课程实践［M］. 上海：华东师范大学出版社，2022.

[2] 钱志亮. 入学早知道：儿童入学必备的八种能力［M］. 长沙：湖南教育出版社，2022.

“小小值日生”依托幼儿值日活动促劳动素养的实践研究

东莞市东城城市花园翰林童爱幼儿园　曾丹丹

值日生活动是幼儿园一项例行性生活活动，它能帮助幼儿形成正确的劳动观念、积极的劳动态度，培养其热爱劳动和劳动人民的感情，获得一定的劳动知识和技能，养成良好的劳动习惯等劳动素养，具有十分重要的作用。因此，有必要对幼儿园值日生活动中的劳动教育价值进行进一步的发掘，并对其实施的条件和途径进行探讨。应该指出，值日生活动是一种能够激发幼儿积极参与到劳动中去的方法，它的目标是提高幼儿的劳动素养以及他们在各个方面的技能。所以，所有的值日生活动都要以全体幼儿为对象，而不是只为被选为值日生的幼儿服务。

一、创造有利于幼儿自主劳动的条件

良好的劳动氛围可以提高幼儿积极参加劳动的自信心和积极性，也可以为他们参与劳动活动打下坚实的基础。

（一）注重创造“轮值”的劳动气氛，创建“轮值”主题墙

一般来说，值日生主题墙可以包含以下内容：当日日期、幼儿信息（姓名、班级等）、值日生劳动内容、明日预告、注意事项等。在幼儿的名字后

面，贴上一个显眼的值日生标签，也可以让幼儿自己贴上值日生标签，从而让幼儿能够更好地参加到值日生活动中来，并培养幼儿的劳动意识，从而提升幼儿劳动的积极性和主动性。墙壁上还应贴一些小纸条，上面写着每个幼儿的职务，这些纸条可以随意更换。根据幼儿的年龄大小，其值日劳动的内容应该是有差别的，而值日生牌也应该是不一样的，这样才能让幼儿清楚自己的劳动责任，更好地执行值日劳动。

（二）为幼儿提供素材，鼓励他们对环境进行创造

在对环境进行整理的过程中，教师应该对内部环境进行合理的设计，还要保证整个环境的干净、整齐。例如，教师将画笔、纸张、剪刀等工具以及各种材料为幼儿分类放置在高度适宜的固定位置，方便幼儿自取，还可以向幼儿提出使用物品和材料的要求（如用后及时归位）；让幼儿在地上画一个“垃圾圈”，然后让幼儿将垃圾扔进圈中。如此通过不同形式的趣味活动，让幼儿加入环境清理中来。而在环境的营造上，教师要擅长为环境“留白”。例如，让当班的幼儿进行一些手工艺、画画的劳动，经常美化、更新班级的环境。幼儿在环境中发现有损坏的地方，及时向老师汇报，并主动帮忙修复。

（三）建立种植、饲养区域，放置适合幼儿劳动的器具

想要让幼儿对劳动产生兴趣，就必须先为幼儿提供适合他们的劳动场所和工具材料，从而扩大幼儿的发挥空间。例如，可以请幼儿带一些植物或容易饲养的小动物（如金鱼、小乌龟等）到幼儿园，将它们放在种植园区、自然角和动物乐园区，并自己制作观察本，让幼儿来对它们进行专门的照料、观察、记录，从而让幼儿的劳动热情和责任心得到充分的激发。此外，也要为幼儿提供物质上的支持。例如，在动物乐园为幼儿准备一个防水的围裙，在自然角放置一些他们劳动时需要用到的工具、手套，并和幼儿一起制作各种工具的使用方法指引图等，为他们提供劳动便利。

二、优化值日人员选拔制度

（一）选拔“值日生”

在开展活动之前，教师要先选出值日的幼儿。要尊重幼儿的主体地位。在劳动过程中，教师可以指导幼儿对成年人的劳动进行观察，从而让幼儿对他们的劳动内容以及他们对社会、对家庭做出的贡献有一个全面的认识。在幼儿进行劳动观察的过程中，可以对劳动产生浓厚的兴趣。

（二）选举“最美值日生”

每天早上，要求幼儿推荐班上除了自己之外的其他小朋友为“最美值日生”，并说明推荐的原因。若被指定的幼儿获得所有幼儿的认同，则被推举为当日的“最美值日生”；相反，若有小朋友对此表示怀疑，并给出反对的原因，则可由该小朋友继续推举，直至选举出当日的“最美值日生”为止。对于每天值日生的人数，教师可以根据自己的实际需要来预先决定，通常情况下，教师推荐的是2名及以上的幼儿来完成各个区域或各种类型的劳动。制度的健全有助于幼儿养成良好的劳动习惯。

（三）养成自主意识，积极劳动

为了达到教育目的，幼儿园的教师应该根据幼儿的兴趣和需求，让幼儿积极地参加到轮值生的劳动中来，并且对轮值生的劳动方式和劳动过程进行设计。在具体的操作过程中，教师可以根据班级的现有条件和幼儿的实际发展情况，对活动的组织与管理、时间与人员安排、内容与规则、任务与分工、评价与指导、激励与要求六个方面进行综合分析。当然，因为幼儿在各个阶段的发展都是不一样的，值日的课程内容和要求也是不一样的，所以，在具体的设计上也应是不一样的。例如，在小班，幼儿在日常生活中的各项行为都很薄弱，他们的思想很活泼，尽管在活动中展现出了强烈的参与积极性，但自律能力仍有待提升。针对这一点，教师应该让幼儿能够得到更多的引导，如可以利用创新值日表、值日生公约等方式来提醒和激发幼儿的自我服务及为集体服务的意识。

（四）培养集体劳动意识

除了培养幼儿的自我服务意识，也要培养幼儿的集体服务意识。每周或每月设定全园、全班一起活动的卫生日，按幼儿年龄分好责任区域，帮其选用合适的劳动工具，共同合作完成自己责任区域的卫生。这不仅可以提高幼儿的动手能力，激发幼儿的劳动兴趣，也能加强幼儿之间的团队合作意识，让其在劳动中学会分工配合，获得荣誉感、归属感等。

三、明确幼儿园劳动教育要点，厘清幼儿的劳动责任

根据幼儿劳动教育的重要经验，教师将幼儿园的值日生活动划分为自我服务的劳动、为集体服务的劳动、为家庭服务的劳动，以及为社区服务的公益劳动等。在劳动内容方面，除发放餐具、摆放桌椅等日常劳动之外，还会有一些为家人和社区提供服务的公共劳动，如给花园或社区的草坪、花坛除草、浇水等。同时，按照《指南》的要求，为不同年龄段的值班幼儿建立有区别的值班表。例如，小班的值班幼儿主要学习的是自我服务，而中班和大班值班的幼儿，可以逐步学习如何服务班级，如何服务家庭，如何服务社区，等等。

四、总结

通过对轮值幼儿的劳动进行激励评估，可以为幼儿提供一个很好的学习范例，从而提高幼儿的劳动积极性和主动性。在评估的内容方面，要注重评估幼儿的劳动能力。对于值日生来说，他们参加活动的情况是最直接也是最真实的劳动能力反映。所以，在对他们进行评估的时候，不仅要突出他们的劳动结果，也要对他们在劳动中所取得的成绩给予重视，尤其要注意劳动过程中劳动情绪和劳动态度的变化，不能只以劳动知识和技术为评估内容。在此基础上，要重视对其执行情况进行跟踪，从而不断提高幼儿的劳动品质，使劳动教育真正发挥作用。

参考文献

[1] 文灵芝. 在值日生活动中培养幼儿劳动素养的实践研究 [J]. 当代教育理论与实践，2023.

[2] 孙多乾，林岸娜. 星期几值日？——生活中的数学活动案例 [J]. 新教育，2023.

[3] 邹俊甜. 班级值日生活动的有效开展策略 [J]. 儿童与健康，2023.

[4] 李婕. 大班幼儿值日生工作的开展与实践 [J]. 家长，2023.

浅谈将劳动教育融入新时代学前教育的方法

东莞市南城第二幼儿园　李柯

随着经济社会的发展和人民生活水平的提高，几乎所有的家长都把自己的孩子当成了“小公主”“小王子”。家长和监护人在一定程度上忽视了培养幼儿的劳动观念，导致幼儿不明白热爱劳动是一种光荣、崇高、伟大的传统美德，应该被传承下去，从而削弱了幼儿的动手能力。因而，对幼儿园劳动教育进行深入的研究是十分必要的。

一、核心概念的界定

（一）劳动教育

劳动教育的实施，主要是通过有计划地带领学生进行生活、生产、服务等劳动，使学生动手实践，出力，流汗，锻炼意志，形成正确的劳动价值观和养成优良的劳动素养。

（二）幼儿园劳动教育

幼儿园劳动教育特指在幼儿园场域内对幼儿实施的劳动教育。幼儿园劳动教育是一种以劳动为主要内容的劳动活动，包括建立幼儿对劳动的热情、对劳动的基本认识。

二、目前幼儿园劳动教育实施面临的困境

（一）对劳动教育认识不足

从教学实践来看，多数教师对劳动教育的理解不够，认为劳动是单纯的体力劳动，而仅仅将劳动教育看作是一种自我服务的教育，认为种植和喂养一类的劳动教育则需父母自己培养。在日常生活中，教师过分地维护幼儿的人身安全、身心健康；在教育上，过分重视幼儿的美术修养和智力发展，教育偏重于智育，而忽略了劳动，没有充分认识到劳动教育对于幼儿德、智、体、美、劳全面发展的积极作用。从这一点可以看出，幼儿园教师对劳动教育的理解比较狭隘，对劳动教育内涵和价值缺乏清晰的认识，对幼儿的劳动不能大胆放手，因而未能充分发挥劳动教育作用。

（二）幼儿园劳动教育师资培训不足

应对幼儿园师资进行劳动教育方面的培训，使其在劳动教育中的职业技能得到全面提高。然而，经过调研，笔者发现幼儿园对教师的劳动教育方面的培训很少。幼儿园虽会定期组织老师进行教学研讨，讨论教学中存在的问题，并提出相应的对策。不过，这些训练并不包括幼儿园的劳动教育。教师对劳动教育的内涵认识不足，对劳动教育的有效执行存在困惑，使劳动教育在实践中的作用不尽如人意。在访谈中，大部分教师表示，要加强对幼儿园劳动教育的培训，并期望获得更多的专业辅导，以提高其在幼儿园劳动教育、幼儿园劳动教育课程开发等方面的技能，从而真正地让幼儿从幼儿园劳动教育中获得劳动技能，促进幼儿的全面发展。

（三）教师对大班劳动教育的评价功利化

首先，在对幼儿园进行观察的过程中，笔者发现，对于积极帮助教师劳动的幼儿，教师给予幼儿的奖励是小红花、小糖果等，这样的做法使得许多幼儿进行劳动的动机就是为了获得奖励，这不利于幼儿正确劳动观的树立，使得幼儿认为“我劳动了，就一定会得到一些奖励”。其次，在幼儿劳动过程中，教师更多地关注幼儿劳动的效果，如地面是否被拖干净、桌子是否被擦干净，而

忽视了对幼儿劳动态度的评价。这种评价方法会给幼儿传递功利性的价值观，忽视了情感体验，不利于幼儿责任感和道德感的培养。最后，还有一部分教师把劳动当作惩罚幼儿的方式，如幼儿不听话就会安排幼儿打扫教室、擦黑板。这种方式显然是不正确的，会让幼儿觉得劳动是一件不光彩的事情，只有犯了错误的人才会去劳动，不利于幼儿建立对劳动的喜爱之情，甚至会使幼儿产生对劳动的厌恶抗拒的态度。

三、新时代下劳动教育实施的对策

（一）正确认识劳动教育

一方面，教师需要明确幼儿园劳动教育的概念。幼儿教育专家霍力岩教授曾提出，幼儿园劳动教育是指支持幼儿在亲历实践和动手操作的过程中有目的、有意识地运用体力和智力改造外部世界，实现对劳动知识、劳动技能、劳动习惯、劳动意识和劳动情感的培养。另一方面，要明确劳动教育的价值取向。劳动是一个很大的概念，对幼儿来说，它既可以是为自己服务的，也可以是为别人服务的，具有“为己”“为人”“为社会”三种价值。所以，劳动本身就是一种教育，而幼儿通过自己的劳动来提出问题、解决问题的过程也是教育。正确理解劳动教育的价值，是确立劳动教育理念的首要步骤，要转变传统的“只重视知识，忽略劳动”的观念。

（二）加强幼儿园劳动教育师资培训

在幼儿园开展有效的劳动教育，必须有强有力的教师队伍，教师对劳动教育的认识与能力的掌握与否，是影响其成功与否的重要因素。教师既是幼儿知识的传授者，也是幼儿学习活动的支持者、合作者和引导者。教师在幼儿园开展劳动教育必须有一定的知识和能力，如劳动教育的理论知识，对劳动教育的解读、劳动教育的实践、劳动教育的认识，这在很大程度上作用于幼儿的劳动教育素养，幼儿园劳动教育实施的最终效果。也就是说，幼儿园只有具备好的劳动教育教师，才能实施好的幼儿园的劳动教育。然而，通过对劳动教育实践的调研可以看出，当前幼儿园的劳动教育教师对劳动教育的认识与技能不足，劳动教育的实施主体是缺少教育技能的食堂阿姨、保安大叔。要进一步提高劳动教育质量，就必须加大对相关工作人员的培训，使其能够更好地开展劳动教育。培训的主要内容包括：解读幼儿园劳动教育的内涵、劳动教育知识与能力、劳动教育资源的开发与利用。《幼儿园教师专业标准（试行）》指出，教师既要起到引导的作用，又要结合实际进行有针对性的训练，而不能只停留在表面上。一方面，这就要求培训内容要有针对性，切合地方教师的实际需求和本地的具体情况，并根据当地幼儿园的劳动教育资源，因地制宜地开展相应的培训。另一方面，培养方式要有针对性，要根据本地的幼儿教师所掌握的知识和能力，采用适合的方式进行相应的训练。培训方式多种多样，如聘请有丰富幼儿劳动教育知识的专家授课，增强幼儿教师对幼儿园劳动教育的认识；请有丰富幼儿园劳动教育工作经验的一线教师来进行交流，以提升教师的劳动技能；还可以让教师到劳动教育进行得较好的幼儿园去参观，以提升其劳动教育的整体认知。

（三）坚持正确的价值导向

新时期正确的劳动价值观是：崇尚劳动、热爱劳动、努力劳动、诚实劳动。坚持正确的劳动价值观念，有助于克服障碍，获取动力。劳动的意义是人民艰苦奋斗、自强不息的奋斗精神和对美好生活的憧憬。应传播正确的劳动观念，宣传袁隆平、邓稼先、钟南山这样的模范劳动人物，让幼儿在无形的环境中形成正确的劳动价值观念。

四、结论

无论是国家层面还是社会层面，劳动教育都越来越受重视，在这样的背景下，探讨如何有效地利用幼儿园的劳动教育课程资源，并提高劳动教育的效能具有十分重要的意义。加强劳动教育，提高劳动素养是培养幼儿劳动观念、劳动情感和劳动行为的重要途径。幼儿园应以劳动教育为切入点，对其存在的问题进行了剖析，并就如何正确认识劳动教育、加强劳动教育师资培训、坚持正确价值导向、开展劳动教育专题活动等问题进行探讨。教师应该帮助幼儿建立正确的劳动意识，这对幼儿以后的学校和家庭生活都非常重要。

参考文献

［1］韩苗苗. 幼儿家庭劳动教育的应然取向和实然路径——基于《义务教育劳动课程标准（2022版）》实施背景下的探讨［J］. 早期教育，2022.

［2］徐扣琴. 幼儿园劳动教育的现状分析、开展路径及评价策略［J］. 东方娃娃·保育与教育，2022.

［3］魏丽. 家园协同视域下幼儿园劳动启蒙教育实践［J］. 家长，2022.

［4］徐清杰. 劳动教育视域下开设幼儿农耕课程的实践研究［J］. 名师在线，2022.

［5］袁琴琴. 劳动教育理念下幼儿行为习惯的培养［J］. 家教世界，2022.

幼儿园劳动教育背景下烹饪课程的实践研究

东莞市南城篁村幼儿园　欧阳玲

一、引言

幼儿园劳动教育是幼儿教育的重要组成部分，它旨在培养幼儿的劳动意识、劳动技能和劳动习惯，提高幼儿的综合素质。而烹饪课程作为一种具有实践性、生活性和趣味性的劳动课程，可以有效地促进幼儿的身体、智力和情感发展，同时能够培养幼儿的自理能力、社交能力和创新能力。因此，在幼儿园劳动教育背景下，研究和探究烹饪课程具有重要的理论和实践意义。首先，烹饪课程作为一种新兴的实践性课程，可以有效地丰富幼儿园劳动教育的内容，增强幼儿的学习兴趣和参与度。其次，烹饪课程与生俱来的实践性和创新性可以有效地培养幼儿的实践能力和创新能力，使幼儿在实践中学习，不断探索和创新，从而提高幼儿的综合素质。再次，烹饪课程涉及多种学科和技能，可以有效增强幼儿的自信心和自尊心。最后，对烹饪课程的实践和创新进行研究和探究，有助于推进幼儿园劳动教育的改革和发展，提高教育质量和效果。因此，在幼儿园劳动教育背景下对烹饪课程的实践和创新进行探究和研究，对于幼儿教育的发展和幼儿的全面成长具有深远的意义。

本文的研究目的是探究幼儿园劳动教育背景下烹饪课程的实践和创新意义，以期为幼儿园教育提供参考和借鉴。具体而言，研究问题包括：

（1）烹饪课程在幼儿园劳动教育中的地位和作用；烹饪课程如何促进幼儿

的身体、智力和情感发展？

（2）烹饪课程的实践和创新点有哪些？如何设计和实施烹饪课程，以满足幼儿的学习需要和兴趣？

（3）烹饪课程对幼儿园劳动教育的促进作用是什么，烹饪课程如何培养幼儿的自理能力、社交能力和创新能力。

（4）烹饪课程的实践和创新对幼儿园教育的发展和改革有何启示？如何推进幼儿园劳动教育的改革和发展，提高教育质量和效果？

通过对上述问题的探究和研究，本文旨在为幼儿园教育的发展和实践提供理论和实践方面的支持和指导。

本文的研究方法主要采用文献综述和实证研究相结合的方法。首先通过查阅相关文献资料，系统梳理幼儿园劳动教育和烹饪课程的理论基础、实践经验和创新思路，为后续实证研究提供理论支持和研究框架。其次，根据文献综述的结果，结合实际情况，设计研究方案，包括研究对象和样本选择、研究方法和工具、烹饪课程的设计和实施等。再次，采用问卷调查、观察法、访谈法等，收集烹饪课程实施过程中的数据和信息，运用统计学的方法对数据进行处理和分析，得出研究结果和结论。最后，在研究结果的基础上，对烹饪课程的实践和创新进行讨论和总结，提出研究结论和对幼儿园劳动教育的启示，并探讨研究的局限性和未来的研究方向。

二、理论基础

（一）幼儿园劳动教育理论基础

幼儿园劳动教育是通过让幼儿参与各种实际劳动，培养幼儿的劳动意识、劳动技能和劳动习惯的教育活动。其理论基础主要包括以下四个方面。

劳动教育理论：劳动教育是一种教育方式，是通过劳动培养幼儿的身体、智力和情感发展的教育活动。劳动教育理论主张通过劳动教育来促进幼儿的全面发展，提高幼儿的自我意识和自我管理能力。

儿童发展理论：儿童发展理论认为儿童在不同的发展阶段具有不同的发展特

点和需求。因此，幼儿园劳动教育应根据幼儿的发展特点和需求来设计和实施。

体验教育理论：体验教育理论认为通过体验活动可以促进幼儿的认知、情感和行为发展。因此，在幼儿园劳动教育中，应通过实际的劳动活动来让幼儿体验和感受劳动的意义和价值。

社会文化理论：社会文化理论认为幼儿的发展是在社会和文化环境的影响下进行的。因此，在幼儿园劳动教育中，应注重培养幼儿的社会交往能力和文化素养。

综上所述，多方面的幼儿园劳动教育理论基础均指出了综合运用各种理论来指导劳动教育实践，对幼儿的全方位发展是起积极作用的。

（二）烹饪课程在幼儿园劳动教育中的地位和作用

烹饪课程在幼儿园劳动教育中具有重要的地位和作用，可以培养幼儿的自理能力和生活技能。第一，通过参与烹饪活动，幼儿可以学会基本的烹饪技能和生活技能，如洗菜、切菜、搅拌等，从而提高幼儿的自理能力和生活技能，促进幼儿的身体、智力和情感发展。第二，烹饪课程可以让幼儿动手操作，锻炼幼儿的动手能力和协调能力，同时幼儿也可以通过烹饪的过程来学习科学知识，提高语言表达能力，促进幼儿的智力发展。第三，烹饪课程需要幼儿在团队中协作完成任务，既可以培养幼儿的社交能力和合作精神，也可以让幼儿学会尊重他人，懂得分享和合作的重要性。第四，烹饪课程可以让幼儿了解不同的食材和文化习俗，从而增强幼儿的文化素养。第五，烹饪课程可以让幼儿了解食物的来源，从而培养幼儿的环保意识。总的来说，烹饪课程在幼儿园劳动教育中具有重要的地位和作用，可以促进幼儿的全面发展。

（三）国内外烹饪课程的实践和创新

国内外烹饪课程在幼儿园劳动教育中的实践和创新主要体现在实践方面、创新方面和教学方法方面。

在实践方面，国内外幼儿园烹饪课程的实践形式多样，包括烹饪比赛、烹饪展示、烹饪体验等。在实践中，教师还注重将烹饪课程与其他教育内容相结合，如与语言、数学、化学、食品科学等相融合，从而提高幼儿的综合素质。

在创新方面，针对不同年龄段的幼儿，国内外的烹饪课程也在不断创新。例如，对于3—4岁的幼儿，可以通过简单的烹饪活动，如制作果汁、水果沙拉等，培养幼儿的动手能力和协调能力；对于5—6岁的幼儿，可以通过更复杂的烹饪活动，如制作面包、蛋糕等，提高幼儿的烹饪技能和创新能力。

在教学方法方面，国内外的烹饪课程也在不断探索和创新。例如，采用小组合作的方式，让幼儿在互相配合的过程中完成烹饪任务，从而培养幼儿的合作精神和团队意识；采用多媒体教学的方式，让幼儿通过图片、视频等形式了解食材的来源和加工过程，从而增强幼儿的环保意识和文化素养。这些创新和实践都为幼儿园劳动教育的发展提供了有益的借鉴和启示。

三、烹饪课程的设计和实施

烹饪课程的设计和实施是烹饪教育中最重要的环节，它关系到烹饪教育的效果和质量。

（一）课程保障

我们在烹饪课程的设计和实施上，注重目标明确、内容丰富、教学方法灵活、安全保障和教师专业素养这五方面，以确保烹饪教育的效果和质量。

目标明确：我们的烹饪课程有明确的教育目标，这些目标与幼儿园劳动教育的整体目标相一致。烹饪课程的目标包括培养幼儿的动手能力、观察能力和团队合作精神等。

内容丰富：我们的烹饪课程内容丰富多彩，包括食材的选择、食品的制作和装饰等。同时，考虑到幼儿的年龄和能力，以便适应他们的认知水平，满足学习需求。

教学方法灵活：我们的烹饪课程教学方法灵活多样，包括讲解、演示、实践和游戏等，并根据不同幼儿的学习需求和兴趣来选择。

安全保障：我们的烹饪课程在实施时在安全保障方面下了许多功夫，包括食品安全、器具安全、防火用电安全等，并且在烹饪课程中加强了幼儿的安全意识和安全教育，确保他们的安全和健康。

教师专业素养：我们的烹饪课程有专业的教师来组织和指导。课程实施的教师均具备烹饪知识和技能，也具备幼儿教育的专业素养，可以有效地组织和实施烹饪课程。

（二）课程实施

在烹饪活动中，我们设计了三种不同菜肴的烹饪课程，分别是水果沙拉、咸肉粽以及番茄炒鸡蛋。以咸肉粽课程为例，我们的课程目标是通过烹饪活动，培养幼儿的动手能力、观察能力、想象力和创造力，让幼儿了解传统食品的制作过程和文化背景，培养幼儿的团队合作精神和自理能力，增强幼儿的食品安全意识和卫生习惯。

教学内容包括咸肉粽的制作材料和工具介绍、咸肉粽的制作流程以及食品安全和卫生知识。在课程的导入环节，通过与幼儿一起观察咸肉粽的图片，让幼儿猜测制作咸肉粽的材料和制作过程。课程正式开始后，教师先向幼儿介绍咸肉粽的制作材料和工具，如糯米、咸肉、粽叶、绳子等。随后，教师向幼儿展示咸肉粽的制作过程，并让幼儿一起观察和讨论。在制作过程中，教师先将幼儿分成小组，每个小组分配一个制作区域，然后，教师向幼儿逐步演示咸肉粽的制作过程，让幼儿跟着教师一起操作。具体步骤如下：①洗净粽叶，用开水将其焯软；②把糯米洗净，浸泡四个小时；③把咸肉切成小块，与泡好的糯米混合，加入适量的盐和其他调料，搅拌均匀；④取一片粽叶，放入适量的糯米和咸肉，用粽叶包裹成粽子形状；⑤用绳子绑紧粽子，放入锅中蒸熟即可。在课程中，可以穿插食品安全和卫生知识以提高幼儿的食品安全意识，如教师在制作过程中向幼儿介绍食品安全和卫生知识，如洗手、清洗食材、煮熟食物等。在课程的结束环节，由教师带领幼儿品尝咸肉粽，分享制作的心得和感受。

（三）烹饪课程的创新点

我们在烹饪课程中将传统的烹饪技术讲解与现代科技相结合，创新教学形式。如利用了电子菜谱，让幼儿更直观地了解了烹饪技术。在教学方法上，我们的烹饪课程采用了多元化的教学方法，包括游戏教学、小组合作、角色扮演等，让幼儿在轻松愉悦的氛围中学习。

（四）课程评估

我们对课程教学效果的评估主要采用以下方法。

问卷调查：设计问卷，通过手机向教师和家长收集他们对于烹饪课程在幼儿园劳动教育中的地位和作用的看法的相关数据，了解教师和家长对烹饪课程的评价和反馈。问卷包括开放式和封闭式问题，以便全面收集数据和深入分析问题。

观察法：通过观察幼儿在烹饪课程中的表现和学习效果，收集数据并分析烹饪课程在幼儿园劳动教育中的作用和影响。观察可以分为结构化和非结构化观察，以便全面收集数据和深入分析问题。例如，观察幼儿的参与度和表现，评价幼儿的动手能力和创造力；观察幼儿的团队合作精神和沟通能力，评价幼儿的团队合作能力。

访谈法：通过与幼儿园教师和家长进行访谈，收集烹饪课程在幼儿园劳动教育中的地位和作用。访谈采用了个别访谈的形式，以便深入了解问题和分析原因。

（五）评估结果

通过上述的问卷调查法、观察法、访谈法收集相关数据，我们认为烹饪课程在幼儿园劳动教育中扮演了十分重要的角色，具体表现在以下几方面。

培养动手能力：烹饪课程是一种很好的动手实践活动。通过烹饪课程的实践，幼儿锻炼了手眼协调能力和精细动作能力，提高了动手能力。

增强观察能力：烹饪课程中需要注意食材的选择、食品的制作和装饰等，这些活动可以帮助幼儿提高观察能力，培养观察细节的习惯。

培养创造力：烹饪课程中需要进行食品的创意设计和装饰，这可以帮助幼儿培养创造力，提高想象力。

培养团队合作精神：烹饪课程需要多人协作完成，这可以帮助幼儿培养团队合作精神，提高沟通协调能力和团队意识。

培养生活技能：烹饪课程是一种很好的生活实践活动。通过烹饪课程的学习，幼儿可以掌握一些基本的烹饪技能和生活技能，如洗菜、切菜、煮饭等。

因此，我们认为烹饪课程对幼儿园劳动教育有很大的促进作用，可以帮助幼儿全面发展，提高其动手能力、观察能力、创造力、生活技能，培养团队合作精神，促进幼儿园劳动教育的发展。

四、结论

烹饪课程在幼儿园劳动教育中具有重要的作用。首先，通过烹饪课程，幼儿可以锻炼动手能力，增强观察能力，培养创造力和团队合作精神，掌握生活技能等。其次，烹饪课程还可以促进幼儿的身心发展，提高幼儿的自尊心和自信心，培养幼儿健康的饮食习惯和生活习惯。幼儿园劳动教育要注重实践性，通过实际操作来促进幼儿的身心发展，提高幼儿的动手能力和生活技能。再次，多样性的劳动教育能通过不同形式的活动来激发幼儿的兴趣和参与度，促进幼儿的全面发展。在劳动教育中嵌入安全和卫生教育有助于保障幼儿的身体健康和安全，避免伤害和风险。再次，幼儿园劳动教育能引导幼儿关注环保问题，培养幼儿的环保意识和责任感。最后，家长加强参与，保持高强度的家园合作的幼儿园劳动教育能共同促进幼儿的身心全面发展。

综上所述，烹饪课程为幼儿园劳动教育提供了重要的参考和启示。未来的幼儿园劳动教育应该更加注重实践性、多样性、安全和卫生、环境保护和家长参与，为幼儿的身心发展和全面成长提供更好的服务和支持。

参考文献

[1] 陆辰. 新时代幼儿园劳动教育的实践与思考 [J]. 东方娃娃（保育与教育），2023.

[2] 祖辰园. 基于生活教育理论的幼儿园劳动教育实践与思考 [J]. 新智慧，2023.

[3] 余萧蕊. 英国劳动教育体系的发展与构建 [J]. 基础教育参考，2023.

[4] 于艳青. 幼儿园劳动主题教育活动实施的现状与对策［J］. 好家长，2023.
[5] 王雁，姜军. “三位一体”推动幼儿园劳动教育课程建设［J］. 家教世界，2023.
[6] 周子琳. 如何提高幼儿体育教育活动的实效性［J］. 试题与研究，2023.
[7] 谭赟. 幼儿园生活化微课程的建构分析［J］. 读写算（下），2022.
[8] 李林娜. 基于生活教育理论的幼儿园劳动教育活动生成与实施——以大班劳动教育活动“柿子熟啦”为例［J］. 第二课堂（D），2022.
[9] 潘洁. 基于生活教育理论的幼儿园劳动教育实施策略探研［J］. 科学咨询（教育科研），2022.
[10] 张龙宇，何奕馨，王瑜银. 新时代幼儿园劳动教育：可为、难为与何为［J］. 内蒙古师范大学学报（教育科学版），2022.
[11] 蔡秀鸿. 家园共育视域下幼儿阅读能力培养的现实困境与策略［J］. 名师在线，2022.
[12] 蒋建玉. 幼儿厨房劳动参与度的提升策略［J］. 求知导刊，2022.
[13] 王红. 活动理论在幼儿心理健康教育中的运用［J］. 新课程，2022.
[14] 沈文君. 让泥塑活动与幼儿的想象力结伴而行［J］. 教师，2022.
[15] 卓娟娟. 基于二十四节气幼儿食育课程信息化的实践研究［J］. 亚太教育，2022.
[16] 柳文华. 安吉游戏在高原地区的实施探究——以合作市幼儿园为例［J］. 新智慧，2021.
[17] 陈丹萍. 游戏盛宴，生活共享——幼儿园游戏化教学研究［J］. 成才之路，2021.
[18] 章威. 长沙地区幼儿园劳动教育的现状研究［D］. 长沙：湖南师范大学，2021.

[19] 严伟条，孙菊英. 提高膳食质量 享受舌尖美味——浙江省绍兴市柯桥区漓渚镇中心幼儿园创新膳食管理侧记 [J]. 好家长，2019.

[20] 程佳. 幼儿园课堂游戏化教学实践问题思考 [J]. 家庭生活指南，2018.

[21] 叶秀兰. 让幼儿健康快乐成长——幼儿戏剧特色教学的实践 [J]. 新课程（下），2013.

[22] 朱家雄. 儿童发展理论与幼儿园课程关系辨析 [J]. 教育导刊. 幼儿教育，2006.

[23] 陈明仙. 践行“养真”文化 相伴儿童成长——课程游戏化背景下支持儿童发展的园本化课程建设 [J]. 家长，2023.

[24] 孙素梅. 新时代幼儿园开展劳动教育的着力点 [J]. 云南教育（视界），2023.

[25] 任运洁. 幼儿园劳动主题教育活动实施的现状与对策——以Q幼儿园大训为例 [D]. 西宁：青海师范大学，2022.

[26] 刘芳玲. 幼儿园文明礼仪行为教育的必要性及路径研究 [J]. 学周刊，2019.

后 记

随着新一轮的课程改革不断推进，劳动教育已被提上日程，《意见》强调要在学生中深入开展劳动教育，全面培养学生的劳动意识和劳动能力。在本书主编、东莞市名园长工作室主持人纪俊琴的指导与引领下，各位编委立足园本化特色，积极主动地参与到幼儿园劳动教育的实践研究中，收获了许多意想不到的惊喜。

本书结合工作室开展的“基于生活化的幼儿园劳动教育的实践研究”课题，以幼儿园劳动教育为视角，通过对幼儿生活经验、教师劳动教育实践与思考、幼儿园劳动课程案例的设计、幼儿劳动能力培养等方面的梳理，形成了生活化的幼儿园劳动教育基本策略和实施途径。本书的主要内容是各幼儿园管理人员、一线教师在实践中积累的宝贵经验与思考，具有较强的实践性与可操作性。

我们希望汇集多位幼儿园一线教师、管理人员的经验和观点，为幼儿园劳动教育的实践提供更全面、深入的探讨，正如工作室主持人纪俊琴所说：“形成可用、可学、可借鉴的劳动教育内容体系，播撒劳动教育的种子，点亮幸福童年。”

一、播种与成长——学而思

团队在深入了解幼儿园教育实践后，每个人对劳动教育都产生了不同的见解。

工作室主持人纪俊琴说：“在完成《劳动点亮童年——基于生活化的幼儿园劳动教育的实践研究》一书的编著后，我深感此书只是对幼儿园劳动教育的一个初步探索。书中倾注了我们团队的大量心血和思考。我对教育工作一直有一种执着，尽管后来从事行政工作，但在过去的30年中，我一直致力于教育教学工作。这本书是工作室全体成员智慧的结晶。书中记录了我们团队在教育教学中的点点滴滴，记录了我们对劳动教育的实践和思考，也记录了一线教师在成长过程中的点滴收获。”

袁玲说：“让幼儿在生活中体验劳动乐趣，培养幼儿的动手能力，培养幼儿爱劳动、讲卫生的好习惯，是新时代对幼儿园劳动教育的要求。”

黎娟说：“（劳动教育）应围绕‘以生活为依托开展幼儿园劳动教育’这一目标，立足于幼儿园、家庭、社区三个方面，让幼儿在劳动中获得全面发展。”

张敏芳说：“通过对生活化理念的分析，发现‘劳动’的本质，让幼儿认识劳动，体验劳动，热爱劳动，从而让幼儿从生活中获得经验，养成良好的习惯和品质。因此本书将生活与劳动教育有机地融合在一起，以生活化为基础进行课程设计和实施，让幼儿在真实的生活情境中理解和体验劳动价值，培养幼儿热爱劳动、崇尚劳动的情感。”

尹思梦说：“幼儿的学习方式是生活化学习，幼儿的发展方式是生活化发展，因此，我们开展劳动教育就应该围绕幼儿的生活，让他们在日常生活中、在游戏活动中学习生活技能，形成良好的劳动习惯和品质。”

夏冰茹说：“我们不仅利用各种机会，向家长和孩子们介绍劳动教育的理念，还对幼儿园的劳动教育进行了实地观察和访谈。在这个过程中，我们也有过困惑，但最终收获了成果。”

张丹娜说：“教育是在日常生活中进行的，其目的是促进儿童的生活和发展。从幼儿园的实际出发，结合幼儿身心发展特点和幼儿园课程内容，在以劳动教育为载体、以生活化为方法、以游戏化为途径的目标下，开展实践活动，有助于帮助幼儿获得经验，形成正确的劳动观念和态度。”

曾丹丹说：“基于生活化的幼儿园劳动教育是以幼儿真实的生活为基础，通过提供丰富、适宜的劳动教育资源，来帮助幼儿获得基本的生活技能、情感态度、价值观等。”

李柯说：“劳动教育是一种教育观念，是一种教育理念，更是一种生活方式。劳动教育的内涵是丰富的，它渗透在社会生活的各个方面，包括劳动、劳动者、劳动价值等。”

欧阳玲说：“幼儿的劳动教育是一项长期的、系统的教育活动，这就要求我们教师不仅要具备一定的专业素养和理论水平，更要有对幼儿进行劳动教育的实践智慧。”

二、收获与幸福——思而行

集合工作室成员的集体智慧，在课题的实施过程中，我们以“生活化”为出发点，将劳动教育渗透到幼儿日常生活的方方面面。通过观察幼儿在生活中的表现和参与劳动的情况，我们深入挖掘了许多具有教育价值的劳动教育资源，如课程案例“黄豆开花”“‘果’然有趣”等。

我们力求做到理论与实践相结合。具体来说，本书包含课程案例和教育价值与影响两个重要部分。课程案例部分展示了幼儿园教师在日常生活中实施劳动教育的成功经验，以及幼儿在其中获得的成长。这些案例既具有典型性，又具有可操作性。教育价值与影响部分则深入挖掘了劳动教育对幼儿的多方面影响，阐述了其对幼儿自主性、自理能力、创造力、责任感等方面的积极作用。

三、展望与未来——行必果

未来，幼儿劳动教育将更加注重生活化和多元化。我们将继续遵循生活化劳动的原则，积极发掘更多贴近幼儿生活的劳动教育素材，创新教育方式和内容，让幼儿在多样化的劳动活动中得到充分锻炼和发展。

《劳动点亮童年——基于生活化的幼儿园劳动教育的实践研究》一书是我们在幼儿劳动教育领域的一次初步探索。随着研究的深入进行以及我们对幼儿发展的进一步理解，我们将不断完善和丰富这一实践体系，为培养幼儿综合素质，促进其全面和谐发展作出积极的贡献。

张敏芳

东莞市茶山镇实验幼儿园